拳击运动教程

张　辉　主编

北京体育大学出版社

策划编辑 佟　晖
责任编辑 潘海英
责任校对 赵红霞
版式设计 水分子

图书在版编目（CIP）数据

拳击运动教程 / 张辉主编 . -- 北京 : 北京体育大学出版社 , 2023.3
ISBN 978-7-5644-3672-8

Ⅰ . ①拳… Ⅱ . ①张… Ⅲ . ①拳击－教材 Ⅳ . ① G886.1

中国国家版本馆 CIP 数据核字（2023）第 006235 号

拳击运动教程　　　　张　辉　主编
QUANJI YUNDONG JIAOCHENG

出版发行：北京体育大学出版社
地　　址：北京市海淀区农大南路 1 号院 2 号楼 2 层办公 B-212
邮　　编：100084
网　　址：http://cbs. bsu. edu. cn
发 行 部：010-62989320
邮 购 部：北京体育大学出版社读者服务部 010-62989432
印　　刷：北京建宏印刷有限公司
开　　本：787 mm × 1092 mm　1/16
成品尺寸：185 mm × 260 mm
印　　张：13.75
字　　数：338 千字
版　　次：2023 年 3 月第 1 版
印　　次：2023 年 3 月第 1 次印刷
定　　价：60.00 元

编委会

主　编：张　辉

副主编：樊庆敏

编　委：于德顺　邱兵新　刘卫军　赵林林

前言

我国体育院校开展拳击运动教学训练活动已有几十年的历史了。然而，系统、完整的拳击运动专项教材依然非常缺乏，远远不能满足体育院校拳击专项教学活动的需要。

本教材以体育院校拳击专项学生为主要读者对象，比较全面地介绍了拳击技术、拳击战术、拳击体能训练、拳击心理训练、拳击教学理论与方法，突出技术教学、战术运用，选取与拳击专项特征相符合的专项体能训练方法，在拳击运动员心理竞技能力与训练的内容中结合拳击项目特点，阐述了拳击运动员的心理特征与训练方法。本教材在继承中有创新和发展，目的是与现代拳击技术，战术，规则的新趋势、新特点、新变化相符合。

本教材在技术教学的表述上力求规范，为了直观、形象，便于学生学习，我们以文图配合的形式讲解技术规范，并以二维码视频的形式展示技术动作。我们希望这本教材在技术、战术教学与训练方面更具实用性。

本教材共六章：第一章的拳击运动概述由于德顺编写，第二章的拳击技术和第四章的拳击体能训练由张辉编写，第三章的拳击战术由樊庆敏编写，第五章的拳击心理训练由邱兵新编写，第六章的拳击教学理论与方法由刘卫军、赵林林编写。张辉对全书做最后的统稿和审改。

本教材中技术和体能部分展示的图片和视频拍摄于北京体育大学拳击训练馆，示范运动员为北京体育大学竞技体育学院拳击专项学生于潮海、段方澳两位同学，在此表示衷心的感谢。

《拳击运动教程》编写组

2023 年 2 月

第一章　拳击运动概述

第二章　拳击技术

第三章　拳击战术

第四章　拳击体能训练

第五章　拳击心理训练

第六章　拳击教学理论与方法

附录　国际拳联技术和竞赛规则（摘要）

第一章　拳击运动概述

本章教学提示

1. 了解拳击运动的起源与发展，尤其了解古代奥林匹克运动会的拳击、近代拳击、现代拳击和女子拳击运动的发展历程。

2. 了解我国拳击运动的发展历程，掌握近代拳击运动进入我国后逐渐发展起来的过程。

3. 掌握现代拳击运动的分类体系及奥林匹克拳击（业余拳击）与职业拳击的区别。

第一节　拳击运动的起源与发展

据史料记载，拳击运动已经有5 000多年的历史。在《英国大不列颠百科全书》中就有“公元前40世纪，幼发拉底河与底格里斯河两河流域发现拳击遗迹”的记载。考古学家从公元前40世纪描写战争的古埃及象形文字中，发现了有关拳斗用的护具“皮绷带”的描述（图1－1），士兵们用这种“皮绷带”把从肩臂到拳的部分包裹起来进行战斗。大约在公元前17世纪，拳击运动经过地中海的克里克岛传播到古希腊，受到了当时古希腊人的欢迎，并且逐渐成为一种流行的运动项目。

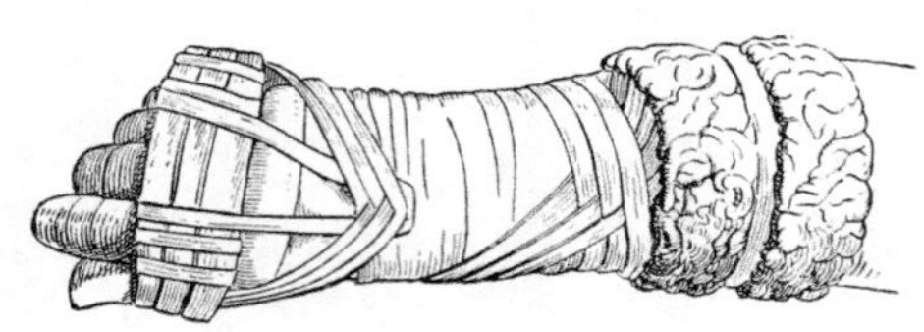

图1－1　拳击皮绷带

在爱琴海岸发掘的公元前5世纪一对陶瓶上也刻画了两人相互攻防的拳击图案。在希腊神话中，传说雅典王子赛希阿斯（公元前1 000年）就通晓拳术。在美索不达米亚的考古发掘中，也发现了1 700年以前拳击活动的遗迹。

一、古代奥林匹克运动会的拳击运动

拳击运动是在公元前688年第23届古代奥林匹克运动会（以下简称古代奥运会）上被正式列为比赛项目的，并逐渐成为一种在古代奥运会中占有重要地位的运动项目。当时古希腊人十分崇尚拳击运动，十分重视其在增强人的身体素质和勇敢精神方面的价值。公元前616年，第41届古代奥运会又列入了少年拳击比赛。

古代奥运会的拳击运动，不论是在形式、比赛规则还是在护具方面，均有别于现代拳击运动。古代奥运会规定拳击参赛者，必须是纯正希腊血统、身家清白的自由人，参赛者在参赛前还必须参拜宙斯神像，以祈祷取得优异成绩，并宣誓遵守规则，服从裁判员。当时的比赛没有专门的场地，只要在平地上就行；没有完善的规则；不按体重分级，一对一比赛；没有现今实行的“回合制”，没有局数限制；除掩盖下身外，竞赛者多裸体赤足、赤手空拳进行比赛。站立姿势为右脚在前，左脚在后；双拳屈向胸前，昂首挺立面向对手。右拳进攻，左拳防卫。这个时期的比赛还带有野蛮色彩，比赛规定，除咬、踢和抓握外，可使用包括扭、摔在内的任何攻击动作，但不得击打腰以下任何部位。从古代的遗迹来看，击打的主要部位是头部和躯干。

由于比赛没有时间限制，双方取胜的因素主要是靠身体的耐力和勇敢的拼搏。如果双方没有人提出弃权，那么比赛就会一直进行下去，直到其中一方失去战斗力，被打倒在地昏迷或举起手臂表示认输为止（图1－2）。那时的比赛一般设12名裁判员，多数裁判员认

可的一方为胜。因此，每届古代奥运会的拳击比赛花费的时间都最长，甚至有两天才见胜负的情况。

最初的拳击比赛都是赤手空拳相互击打，直到公元前 8 世纪，拳击参赛者才开始使用一种软皮手套。当时的软皮手套仅仅是相当于人体两倍长的牛皮条，用油浸软后缠绕在手指和手臂上，不像现在的拳击手套那样舒适、柔软。这种简陋的手套，使用了 300 多年，直到公元前 5 世纪，才被一种硬皮手套所代替。这种硬皮手套是用生牛皮从肘部向前臂缠去，在牛皮上衬着厚厚的羊皮垫。这种硬皮手套深受参赛者的喜爱，它在拳击场中一直被使用到公元前 2 世纪。发展到后来，拳击参赛者开始在肩部和上臂套上羊毛袖来保护自己。

后来也有人在皮条上缀上铁钉，使用这种手套常常会打得人皮开肉绽，在拳击场上也不断有伤亡出现。文献记载：雅典王子在组织拳击比赛时，特制了一种足以置人于死地的手套，称之为“塞斯托斯”（图 1－3）。这种手套是用硬皮制成的，在指关节处装有金属大头钉，在比赛时戴这种手套能把对手整排牙齿击落，甚至将头骨打碎。因此，每次比赛结束时就会造成一方重伤甚至死亡。1848 年在罗马城帝国大街发掘出来的雕像，也可以看到当时参赛者的面目，有的牙齿被打落，有的眼睛被打坏，有的耳朵被完全撕裂，有的鼻子被打塌。试想有谁能够经历如此的激战还能安然无恙呢。因此，当时的社会对这种不道德的、残杀性的拳击比赛产生了极度憎恨，结果给古代拳击运动带来了厄运。

图 1－2　古代奥运会的拳击比赛

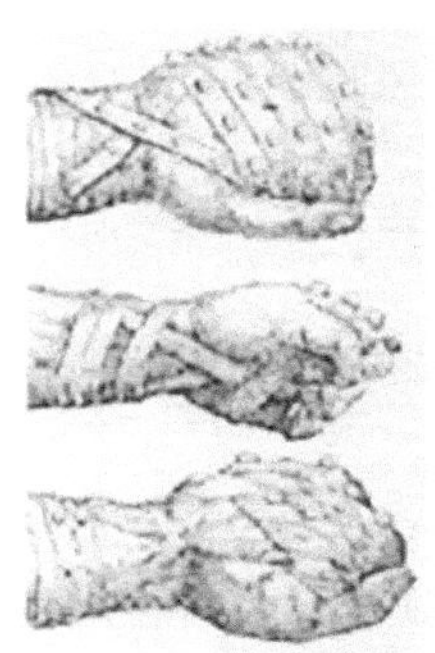

图 1－3　塞斯托斯手套

公元 394 年，罗马皇帝西奥多雷斯接受了基督教父的请求，下令禁止一切拳击活动，流传了许久的古希腊拳击运动到达了终点，造成这种状况的直接原因就是古代拳击的职业化。其实，直到古代奥林匹克运动的中期，拳击运动仍然是以市民身心锻炼为主旨的业余体育活动。到了后期，拳击运动走向了职业化和商业化道路，尤其到了古罗马时代，统治者及贵族为了寻求刺激，在比赛用具和比赛结果上大做手脚，因此也就造就了拳击运动的残忍和凶暴，将拳击运动引上了歧途。

然而，为了自身和家乡城邦的荣誉，古希腊的壮士们仍然勇敢无畏地走上拳击场。据文献记载，古希腊拳击参赛者若获得古代奥运会的冠军，在比赛结束后就会被当众宣布他及其父亲的名字，然后立即赶到宙斯神像前祈祷致谢。当地统治者会亲置美酒佳肴，举行

图 1-4　古代奥林匹克拳击手

隆重欢迎大会，并在庄严的乐曲声中，亲自将棕榈枝赠给他，将用野橄榄枝编成的项圈戴在他的脖子上。冠军除受到隆重的欢迎和赏赐金钱外，还可免除一切纳税义务和劳役，终身由国家供养。如连获三届冠军，就在古代奥运会举办地，给他塑造巨型雕像（图 1-4）。这也吸引了大批的参赛者冒着生命的危险来参加这种残暴的拳击比赛。

在古代奥运会拳击比赛的众多参赛者中，也涌现了一批优秀的选手，他们的故事被广为传颂，格劳克斯就是其中的一位。在第 65 届古代奥运会上，格劳克斯不负众望，夺得少年拳击赛冠军。在之后的几届比赛中，格劳克斯又连续取得胜利，共夺得 7 次冠军。后来，在奥林匹亚为他树立了一座名为“楔子拳击者”的雕像，雕像特别着意表现了他手腕，因为在当时的参赛者中，格劳克斯的手腕动作速度名列第一。他去世后，人们在一个岛上为他修建了墓地，后来人们就把这个岛称为格劳克斯岛。另一位著名拳击竞技者是波里德克斯，他接受了当时著名的拳击家伯布里克森国王阿米格斯的挑战，结果他把这个称雄一时的国王击败并将其缚在树上。但是，在拳击比赛中最受人尊敬的还是那种自己一拳不发而又没有被对手击中过的参赛者。他们靠自己灵活的身法和步法巧妙地避开对手的每一次攻击，不断消耗对手的体力，最后轻而易举地取得胜利。麦兰柯马斯就是这样的胜利者，古希腊人对他的体力、耐力和崇高的风格都给予了高度的评价，他的名字流传了数百年之久。

二、近代拳击运动

自从古罗马皇帝西奥多雷斯下令禁止后，拳击运动几乎消失了 4 个多世纪，主要原因是：一方面，由于人们对古罗马拳击的粗野印象难以忘怀；另一方面，因为当时欧洲各地非常流行骑马斗剑。在当时，骑士体育属于统治阶级和贵族的一项时尚运动，骑士体育也抑制了拳击运动的开展。拳击运动在民间仍然有人练习，只是不能公开比赛。

公元 8 世纪，奥斯曼大帝执政，当时的法庭制定了一种制度——“斗审”，就是在审判中遇到疑难案件时，法官就会命令诉讼双方进行决斗，胜利者获胜诉。如果是贵族间的诉讼，就按贵族习俗骑马、穿护身甲胄进行斗剑；而平民间的诉讼，则以拳击对战来决定胜负。至此，拳击这项运动在平民百姓中又流传开了。

公元 1200 年间，传教士圣倍纳丁看到当时许多青年在斗剑中丧生的悲剧，就设法推行拳击来代替斗剑。他提议废止古罗马拳击的野蛮方法，提倡赤手拳击，使之成为以锻炼身体为目的的体育活动。圣倍纳丁在意大利的西纳还开设了一所拳击训练学校，亲自担任教练员，并主持拳击比赛，执行裁判工作。在赛程中遇到有可能发生危险的紧急关头，他会及时命令停止比赛，以防止不必要的伤害事故发生。这种改良的拳击，逐渐在青年中流行起来。圣倍纳丁一生始终热衷于拳击运动，使中断了几个世纪的拳击运动东山再起，为拳击运动的发展做出了重要的贡献。

近代拳击运动的复兴是从英国开始的，在 16 世纪，拳击运动传到了英国。英国人完善了拳击护具和规则，注重对参赛者的保护，使得拳击运动得到了全面的发展。18 世纪初，在英国出现了有奖金的拳击比赛。1719 年产生了被称为现代拳击始祖的第一位英国拳击冠军詹姆斯·菲格（1695—1734），他把冠军保持了 11 年之久，有“无敌将军”的美称。但詹姆斯·菲格的拳击比赛是没有防护的徒手“生死”型格斗。他创立了世界上最早的拳击学校，成为培养英国拳击运动员的摇篮。

詹姆斯·菲格死后，他的得意门生约翰·布劳顿（1704—1789）继承了他的拳击事业。约翰·布劳顿为了减少拳击比赛中伤害事故的发生，专门成立了拳击俱乐部；同时，为了使拳击运动更富有体育精神，于 1743 年 8 月 16 日推出了新的，也是世界上最早的职业拳击运动比赛规则，命名为《布劳顿拳击规则》（图 1–5）。当时的规则主要规定不准击打已倒地者和不准击打腰部以下任何部位。同时，约翰·布劳顿也发明了一种软皮手套，以保护脸部皮肤。后来约翰·布劳顿还在伦敦筹建了一所大型竞技场，作为专门教授拳击和组织拳击比赛的中心。由于约翰·布劳顿对拳击运动提出了新的方向，这对拳击运动的健康发展起了重要作用，因此被后人称为“拳击之父”。

THE RING

RULES

TO BE OBSERVED IN ALL BATTLES ON THE STAGE

I. THAT a ſquare of a Yard be chalked in the middle of the Stage; and on every freſh ſet-to after a fall, or being parted from the rails, each Second is to bring his Man to the ſide of the ſquare, and place him oppoſite to the other, and till they are fairly ſet-to at the Lines, it ſhall not be lawful for one to ſtrike at the other.

II. That, in order to prevent any Diſputes, the time a Man lies after a fall, if the Second does not bring his Man to the ſide of the ſquare, within the ſpace of half a minute, he ſhall be deemed a beaten Man.

III. That in every main Battle, no perſon whatever ſhall be upon the Stage, except the Principals and their Seconds; the ſame rule to be obſerved in bye-battles, except that in the latter, Mr. Broughton is allowed to be upon the Stage to keep decorum, and to aſſiſt Gentlemen in getting to their places, provided always he does not interfere in the Battle; and whoever pretends to infringe theſe Rules to be turned immediately out of the houſe. Every body is to quit the Stage as ſoon as the Champions are ſtripped, before the ſet-to.

IV. That no Champion be deemed beaten, unleſs he fails coming up to the line in the limited time, or that his own Second declares him beaten. No Second is to be allowed to aſk his man's Adverſary any queſtions, or adviſe him to give out.

V. That in bye-battles, the winning man to have two-thirds of the Money given, which ſhall be publicly divided upon the Stage, notwithſtanding any private agreements to the contrary.

VI. That to prevent Diſputes, in every main Battle the Principals ſhall, on coming on the Stage, chooſe from among the gentlemen preſent two Umpires, who ſhall abſolutely decide all Diſputes that may ariſe about the Battle; and if the two Umpires cannot agree, the ſaid Umpires to chooſe a third, who is to determine it.

VII. That no perſon is to hit his Adverſary when he is down, or ſeize him by the ham, the breeches, or any part below the waiſt: a man on his knees to be reckoned down.

As agreed by ſeveral Gentlemen at Broughton's Amphitheatre, Tottenham Court Road, Auguſt 16, 1743.

图 1–5 《布劳顿拳击规则》

1792 年，英国拳击冠军门道沙为了推广拳击运动，加入马戏团到英伦三岛各地进行拳击表演，积极宣传、推广。1798 年他编写了拳击史上的第一本拳击指南，定名为《拳击艺术》，深受广大青年的欢迎。门道沙是位研究拳击的先驱者，也是推广拳击运动的功臣。

1838 年，英国伦敦的拳击专家和拳击爱好者根据《布劳顿拳击规则》，又制定了一份比较完善的《伦敦拳击锦标赛规则》，并将此规则用在了拳击比赛中；1853 年又对这一规则进行了修改。1865 年，英国伦敦业余竞技俱乐部成员、记者约翰·古拉哈姆·千巴斯又进一步完善修订了新的拳击规则，英国昆士伯利的侯爵约翰·肖鲁图·道格拉斯担任了这个新规则的保证人，并把它命名为《英国昆士伯利拳击规则》。修改后的规则明确规定了参加比赛的人必须戴拳击手套，比赛的每个回合打满 3 分钟，回合之间休息 1 分钟；在比赛中禁止发生搂抱和摔跤现象，否则将被判为犯规；一方被击倒后开始数秒，如果 10 秒内被击倒的人不能站起来，就判定对手胜利。这个规则基本上形成了后来拳击比赛的竞赛框架，为拳击运动的发展指明了方向。《英国昆士伯利拳击规则》在形成之后，大约经过 20 年的反复实践和运用，才逐渐被人们肯定。例如，比赛必须使用手套的规定，一直到 1892 年 9 月 7 日，约翰·L. 萨里班和基姆·哥培德佩戴着 5 盎司（1 盎司≈141.75 克）

重的手套参加了世界上第一次重量级冠军争夺赛，才最终在拳击比赛规则中确定下来，并被所有的拳击比赛所采用。

上述规则的不断修订和完善，特别是《英国昆士伯利拳击规则》的最终确定，为现代拳击比赛奠定了基础。从另一个角度来说，英国拳击爱好者的努力，为推动和促进现代拳击比赛的发展做出了不可磨灭的贡献。

三、现代拳击运动

现代拳击运动从英国复兴后，随着比赛规则和护具的不断完善，原有以激烈的击打而吸引观众的拳击运动继续得到良性发展，形成了目前的职业拳击运动；而注重提高运动员的技术水平、以增强体质为目的拳击运动逐渐发展成了业余拳击运动（奥林匹克拳击）。这两种拳击运动本质的特点就是比赛的目的不同，主要表现在比赛的时间、回合、护具等方面。奥林匹克拳击是现代奥林匹克运动会（以下简称奥运会）的正式比赛项目，代表了拳击运动健康向上的发展方向，代表了拳击运动技术的发展趋势。

奥林匹克拳击运动从 1904 年第 3 届奥运会列入正式比赛项目起，竞赛规则就明确规定一名运动员一天只能参加一场比赛，采用单败淘汰制，与同场竞技项目的跆拳道、古典式摔跤、男女自由式摔跤一个级别一天决出冠军的方式相比，比赛节奏截然不同。这一竞赛规则的制定是从医学角度来考虑的，主要是保护拳击运动员的安全。拳击比赛时双方运动员的头部是主要击打目标，如果一方运动员的头部多次受到重击，就可能失去比赛能力，继续比赛会有生命危险。

职业拳击比赛作为世界上开展得最好的商业赛事，在赛制、规则、比赛目的等方面与奥林匹克拳击有着极大的差异。职业拳击运动员把拳击作为自己的职业，受金钱的控制和商业化的影响，所有的赛事和活动都要受经纪人和俱乐部的控制和安排。为了利益和吸引观众，经纪人和俱乐部往往会在比赛前宣传造势。职业拳击比赛相比于现代奥林匹克拳击比赛更追求场面的刺激和激烈。

现代奥林匹克拳击运动最早是由美国发起的。1888 年，美国成立了世界上最早的 12 个业余拳击俱乐部。他们组织的比赛在规则和形式上与以前的职业拳击比赛有所区别，成为现代奥林匹克拳击运动的雏形。当时的拳击运动并没有职业与业余之分，所有的比赛都是以赌博营利为主要目的，运动员多以拳击为主要谋生手段，比赛因此变得很残酷。加之当时的规则和医务监督制度极不完善，比赛回合过多，在比赛中如果一方运动员不将另一方运动员击倒不起，比赛就不会停止。

19 世纪末至 20 世纪初，许多有识之士对当时拳击运动的看法有了根本性改变。首先，作为一项体育运动，拳击比赛的最终目的不应是将对手击倒、击伤甚至致死，而应是勇敢精神、顽强意志和精湛技术的体现；其次，拳击比赛应本着友好竞争的原则，旨在强身健体，磨炼意志品质，不应以营利为主要目的；最后，拳击比赛主要是双方运动员意志和技术的较量，比赛时间不宜过长。

19 世纪末至 20 世纪初，一位叫杰·卡迪的美国业余拳击爱好者四处游说，宣传拳击运动在健身方面的意义，他的宣传在美国社会影响很大。首先响应的是美国陆军军队、海军军队、大学俱乐部和纽约警察局。在他的影响下，这些部门纷纷把拳击运动作为身体训练、防身自卫的必修课，并通过一段时间的实践，收到了非常好的效果。直到现在，美国军队每年还举行业余拳击比赛，并有自己的协会。例如，世界拳击协会前重量级冠军詹姆斯·史密斯就是在美国军队拳击锦标赛中脱颖而出后转为职业拳击手，最后成为世界冠军的。那时的比赛主要在军队、警察局和俱乐部之间展开，比赛采用三回合制。这是现代拳击运动诞生几百年来，首次出现以友好竞争、强身健体为主要目的的业余拳击比赛，标志着现代奥林匹克拳击运动的开始。

然而，当时世界上许多国家并没有开展拳击运动，尽管许多人热情宣传拳击运动，并支持将这一古老传统项目列为奥运会比赛项目，但在 1896 年第 1 届雅典奥运会和 1900 年第 2 届巴黎奥运会上，这项提案均遭到否决。1904 年第 3 届奥运会在美国的圣路易斯举行，这个位于密西西比河畔的城市当时正是美国开展拳击运动最普及的地方，当地有许多从英国留学归来的美国青年对拳击运动十分热爱，他们希望拳击运动能成为奥运会大家庭中的一员。正是在广大拳击爱好者的共同努力下，拳击运动凭借特殊的竞技特点和优势，被列入 1904 年第 3 届圣路易斯奥运会的正式比赛项目，成为世界上最高水平的业余拳击比赛。

四、女子拳击运动的发展

女子拳击运动得到广泛开展是在 20 世纪 80 年代初期。美国在 1978 年成立了第一个女子拳击俱乐部。在美国女子拳击运动的推动下，英国、法国、德国、荷兰等国家的女性也相继加入到拳击运动中来，女子拳击运动很快就风靡西欧、北欧、南美洲、北美洲和亚洲大陆。(图 1–6)

图 1–6　女子拳击比赛

女子拳击运动曾在 1904 年的圣路易斯奥运会中被列为表演项目。虽然女子拳击运动在民间发展已经有了很多年的历史，但一直不被各国的体育组织所接受，所以也没有统一的比赛。后来在美国有一场很有影响的官司改变了这一结果。美国一个名叫伊丽莎白的女子申请参加一项全美的男子拳击比赛，但是被美国拳击委员会拒绝了。于是伊丽莎白就将美国拳击委员会告上了法庭，理由是美国法律明文规定男女平等，任何男子参加的活动女子都可以参加。这在法律上是无懈可击的，但世界上任何一项对抗性竞技体育项目还没有过男女同场竞技的先例。女子拳击运动的迅速发展，引起了国际拳击界的高度关注，这件事之后，国际业余拳击协会就开始思考是否把女子拳击列为一项单独比赛项目。经过与各国拳击联合会的反复商议，2009

年8月13日国际奥委会在柏林召开执行委员会（以下简称执委会），确认女子拳击成为2012年伦敦奥运会正式比赛项目，比赛设置了3个级别项目，是奥运会项目中最后一个实现男女平等的项目。

国际奥委会为了提高女性运动员的参赛比例，在2017年6月举行的执委会上决定，在2020年举行的东京奥运会上，将男子拳击项目原有的10个级别压缩为8个级别，减少的2个级别增加到女子拳击项目中；而女子拳击项目由原来的3个级别，增加至5个级别。

我国女子拳击运动是在20世纪80年代末逐渐开展起来的。最早开展女子拳击训练的是哈尔滨师范大学女子拳击队。这是我国第一支女子拳击队，成立于1987年8月26日，开始参加训练的共有10位姑娘，其中7位是哈尔滨师范大学的学生，其他3位分别是警校学生和哈尔滨轴承厂子弟学校的学生。当时的教练员是在哈尔滨师范大学图书馆工作的张丹红，这支拳击队在1988年4月27日哈尔滨高校拳击赛上的表演引起了人们的关注。

1989年，上海大世界娱乐中心有一支由16人组成的女子拳击队。她们当中有工人、职员、大学生，年龄最小的20岁，最大的37岁。

1990年，北京市在崇文区（2010年改为东城区）青少年业余体校曾组织开展了女子拳击运动，举办过10多期女子拳击训练班，有几百人参加，当时的教练员是王骥。

1993年，哈尔滨市第十一中学在哈尔滨市体育运动委员会的协助下成立了哈尔滨市拳击学校，并组建了女子拳击队，教练员是该校的体育教师赵延方。

1993年11月，国际业余拳击联合会主席在一次新闻发布会上宣布女子拳击运动将进入国际体育舞台，此后女子拳击运动像雨后春笋般地在我国开展起来。哈尔滨市、沈阳市、贵阳市、青岛市、南京市、成都市、昆明市、武汉市等地先后开展了这项运动，各体育院校、中国刑事警察学院、中国人民公安大学及各省市警察学校也将女子拳击运动列为必修课。

1997年5月，由国家体育运动委员会（以下简称国家体委，1998年改组为国家体育总局）备案的我国第一次女子拳击邀请赛在沈阳市举行。比赛分为3个回合，每个回合2分钟。这次比赛使得我国女子拳击运动开始逐渐走向正轨。由于女子拳击运动当时（指1997年）还不是奥运会的正式比赛项目，国家体委没有专门设项，所以我国女子拳击运动当时的开展举步维艰，只有沈阳市、武汉市、上海市等地的体育学院设有这一专业，其他各地女子拳击运动的开展就靠当地爱好者的自发组织了。

虽然我国女子拳击运动开展较晚，但是我国女子拳击运动员的实力不容小觑。在2012年伦敦奥运会第一次设立的女子拳击比赛中，我国运动员任灿灿获得了51公斤级的银牌，李金子获得了75公斤级的铜牌。

第二节　中国拳击运动的发展概况

我国拳击运动有着悠久的历史，据史料记载，早在3 000多年前的殷商时期我国就有了拳击运动。那个时候，人们将拳击叫作“斗”，它是贵族统治阶级进行军事训练的科目之一；到汉朝发展为“卞”，是军人必须考试的科目。与西方早期拳击是拳击与摔跤的混合不同，在我国商周时代拳斗与摔跤就已明显地分开了，而且在2 000多年前我国就有了关于拳击的著作《手搏》，南北朝时期我国就已经有戴护具的拳击运动。

一、中国近代拳击运动的发展

我国近代拳击运动是从上海市发展起来的。20世纪初叶，在上海滩的舞厅里，有一批伴舞的菲律宾乐师，他们在空闲时间里以表演拳击来招揽顾客，为顾客助兴。当时国人把那些菲律宾乐师表演的东西称为“西洋拳”。可以说，是当年那些菲律宾乐师首先让上海市人知道“西洋拳”的。

在20世纪20年代的后期，上海精武体育总会为了抗衡上海市“西侨青年会”的洋人拳击，从澳大利亚聘请了在拳坛享有盛名的中国拳击家陈汉强来担任教练员，分期、分批地举办拳击训练班，向中国青年传授拳击运动。后来这个训练班为我国培养出了一批优秀的拳击人才，使拳击运动开始被国人所接受。在这些优秀的拳击人才中，有在上海市击败过英国皇家海军拳击冠军埃菲尔，号称“远东毒蛇”的郑吉常；有被称为“郭氏二杰”的郭琴舫、郭惠堂两兄弟；还有杨绳祖、白燚荣、潘国华等能与“西侨青年会”的拳击手抗衡的中国拳击主力军。

到了20世纪30年代，沿海城市的拳击运动已开始普及，南京市的中央国术馆和国立国术体育专科学校都把拳击列为必修科目。值得一提的是，中央国术馆的拳击课由形意拳传人朱国福教授，这位教授在20世纪20年代因以中国武术打败俄国职业拳击手哈伯夫而一举成名。他在任教期间，为我国培养了一批著名的拳击运动员。我国武术界的前辈张文广、温敬铭、卜恩富、李浩、李锡恩、吴玉昆、蒋浩泉等都是朱国福教授的弟子。1933年在南京市举行的第二届国术国考时，朱国福教授的弟子李锡恩、卜恩富和李浩分别获得轻、中、重3个级别的拳击比赛冠军。

1936年，第11届奥运会在德国柏林举行，为了参加奥运会的拳击比赛我国选出了王润兰、靳贵弟、靳立桂、李梦华4名拳击运动员到上海市集训。他们在“西侨青年会”教练员丁格尔和上海精武体育总会教练员陈汉强的指导下集训了半年。最后我国选派王润兰、靳贵弟去参加奥运会的拳击比赛。这也是我国首次参加的国际拳击比赛。虽然这次比赛我国运动员没有取得名次，但是他们为我国拳击运动走向世界打下了基础。

1941 年，上海基督教青年会举办了第一届中西业余拳击比赛，此次比赛有来自 10 个国家的在上海市的侨民参加，上海精武体育总会的郭振英获得次中量级（67 公斤级）的冠军。1946 年，第二届中西业余拳击比赛有苏联、葡萄牙、意大利、缅甸等国家的在上海市的侨民参加，其中上海精武体育总会的周士彬、顾伯麟分别获得了轻中量级、中量级的冠军，陈祖良、高士宗分别获得轻中量级和中量级的亚军。

二、中国早期的职业拳击比赛

早在 20 世纪 30 年代，上海市就出现了职业拳击比赛，但那时基本上都是外国选手参赛。当时，最大规模的一次比赛是上海有国体育总会为了庆祝上海回力球场和天津回力球场开张而举行的，其从菲律宾、美国等地请来一批职业拳击手，让他们在上海市、天津市进行拳击比赛，以示庆祝。自此以后，上海市就有了正规的职业拳击比赛。

在那个时期的职业拳击比赛中，中国职业拳击运动员冯尉仁（52 公斤级）在比赛中的表现最为突出。在比赛中，他智勇双全、能攻能守，不仅能巧妙地运用各种技术躲开对手的进攻，还能快速地反击，多以击倒对手获胜。他也因此有了“小雷雨”的称号，意思是说他的出拳迅猛如雷，密集似雨。他从来不计较出场费的多少，接受挑战的唯一条件就是必须打满 10 个回合，而且还必须安排在最后一场比赛。在当时，他是职业拳场中的明星。

上海市最早的职业拳击运动员是林中民、林中正和林中孚三兄弟。林中民原来是上海回力球场的职员，他不会拳击，但常为他的两个弟弟安排比赛。林中孚后来担任我国台湾拳击协会的秘书长。20 世纪 40 年代后，我国的职业拳击运动员逐渐多了起来，著名的有绍兴市的蒋惠廉，其因比赛时常面带笑容，而人称“笑面拳手”。他拳技高超，力量略显不足，多以点数取胜。

三、中国现代拳击运动的发展

1949 年中华人民共和国成立以后，全国拳击界异常活跃，20 世纪 40 年代的那些拳击高手相继复出，全国各地举行各种拳击比赛，以庆祝中华人民共和国的成立。1950 年 5 月 4 日，为庆祝“五四”青年节，上海基督教青年会在八仙桥基督教青年会举行了大型拳击比赛，这次比赛有 50 余名选手参加，是中华人民共和国成立后上海市首次举行的一次大规模的拳击比赛。在比赛中，各路高手都发挥了较高的水平，比赛非常激烈。这次比赛不仅促进了拳击运动在全国的发展，同时也让更多的人重新认识了拳击运动。

1953 年 11 月在天津举行的全国民族形式体育表演和竞赛大会将拳击列为比赛项目，共有 7 个单位的 27 名运动员参加了 6 个级别的比赛。在这次比赛中各级别的冠军分别是：54 公斤级为王守忻、60 公斤级为陈新华、63.5 公斤级为孙吉柱、67 公斤级为余吉利、71 公斤级为张立德和 75 公斤级为靳金铎。这次比赛由于拳击裁判工作人员都是经验不足的新手，在比赛中发生了不幸事件，致使拳击比赛停止了 3 年。1956 年在北京市举行了全国击剑、拳击、技巧运动表演赛，这次比赛调集了有拳击裁判经验的人担任裁判工作。1957 年上海市举办了全国十五城市拳击锦标赛。1958 年，北京市举办了全国二十城市拳击锦标赛。1959 年我国第一届全国运动会曾把拳击作为比赛项目。各省（自治区、直辖市）为了在此次大会上取得更好成绩，盲目地发展拳击运动，以致出现了不少伤害事故，国家体委认为大规模地举办全国性拳击比赛条件还不成熟，于 1959 年 3 月决定暂停拳击运动的开展，而这一停就是 20 多年。

20 世纪 50 年代，我国拳坛有两位非常著名的拳王，他们分别是“南拳王”周士彬和“北拳王”张立德。

周士彬生于上海市，是上海体育学院教授。1938 年，他在虹口区的一所大楼里读夜校，上海精武体育总会正好在那栋大楼里，他看到里面很热闹，便跑过去参加活动，之后便常去四楼的健身房。当时，上海精武体育总会开设了拳击训练班，周士彬是里面的积极分子。由于肯学能吃苦，他很快就成了佼佼者。1943 年的第二届国际红十字会拳击义赛，周士彬参加 3 场比赛。全部夺冠，“中国拳王”的称号就是当时的媒体给起的。在 1957 年全国十五城市拳击锦标赛和 1958 年全国二十城市拳击锦标赛中，周士彬均以娴熟的技术获得了轻中量级的冠军，显示了他的实力。从 1948 年击败俄罗斯拳击手到 1959 年国家体委暂停拳击的开展，这 10 余年期间，周士彬以数个全国冠军而赢得“南拳王”的美誉。

张立德，1925 年生于天津市，1953 年、1957 年、1958 年全国拳击比赛冠军，上海体育学院教授。1953 年 11 月在天津市举行的第一届全国民族形式体育表演和竞赛大会上，拳击作为大会比赛项目。张立德代表华北区参加比赛，在决赛中碰上了代表华东区出战的“南拳王”周士彬。张立德最终以点数取胜，成为第一个打败“南拳王”的人。那时，谁都没想到张立德能打赢在当时名震一时的“南拳王”，由此，“北拳王”开始叫遍大江南北，这也是两位拳王之间唯一的一次交手。

除了上面介绍的两位拳王，当时在拳坛上还有两位杰出的拳击高手，一位是 54 公斤级的王守忻，绰号“猴子”。他打起拳来像猴子一样灵活，技术超群，攻防技术全面，他从开始参加拳击比赛到退役从未输过。王守忻在北京体育学院（现北京体育大学）从事拳击教学工作，培养了一批优秀的拳击运动员。另一位是陈新华，他每场比赛都是以击倒对手或对手弃权获胜，在比赛中也从未输过，晚年为江苏省组建拳击队并培养了一大批优秀的拳击运动员。虽然拳击运动在我国开展得较晚，但我国老一辈拳击健将们在 20 世纪 50 年代的顽强拼搏与努力取得了相当可喜的成果，为我国后来开展这项运动打下了良好的基础。

1979 年，拳王穆罕默德・阿里以美国体育大使的身份来华访问时就建议中国开展拳击运动。1985 年，穆罕默德・阿里第二次访华时表示愿意帮中国培养拳击运动员，这次访华他还去了北京体育学院、上海体育学院、上海精武体育总会，在上海市体育馆与上海拳击运动员进行了表演赛，受到了上海拳迷们的热烈欢迎。穆罕默德・阿里的两次访华给中国带来了恢复拳击运动的春风，全国各地拳击运动纷纷自发地开展起来，并组织了拳击交流赛。

1986 年 2 月 21 日，国际业余拳击联合会时任秘书长安瓦尔·乔杜里教授应邀到北京体育学院讲学，并观看了北京体育学院学生的拳击表演。安瓦尔·乔杜里先生说道：“一个没有 10 多亿中国人民参加的国际体育组织，不能称得上是一个真正的国际体育组织。”当年，虽没有全国性的正式拳击比赛，但各大城市的拳击活动已火热地开展起来，加上老一辈拳坛有识之士为我国拳击跻身奥运会和亚洲运动会奔走呼吁，纷纷要求国家体委恢复拳击运动的开展。在这种形势下，1986 年 3 月我国正式恢复了拳击运动的开展，以迎接 1990 年在北京市举行的第 11 届亚洲运动会。同年 8 月，国家体委陆续下发了《开展拳击运动暂行规定》《拳击活动的安全防护措施》《拳击竞赛管理办法》等文件。1986 年 11 月在上海体育学院举办了为期一个月的首届全国拳击教练员、裁判员学习班，国家体委先后邀请了朝鲜、苏联、古巴等国家的拳击专家来训练我国的拳击运动员，并进行了裁判员的考试。1987 年 1 月在北京市举行了恢复拳击运动后的第一次拳击比赛。1987 年 4 月，中国拳击协会正式成立。1987 年 6 月，中国拳击协会被国际业余拳击联合会正式接纳为第 159 个会员，使中国业余拳击进入世界业余拳击的大家庭当中。

第三节　职业拳击与业余拳击的区别

现代拳击运动分为两大系统，即奥林匹克拳击（业余拳击）和职业拳击。奥林匹克拳击是奥运会的正式比赛项目，其训练和比赛目的是增进拳击爱好者和运动员的身体健康，培养其顽强拼搏、机智勇敢的优良品质，体现着竞技体育精神。职业拳击是运动员把拳击运动作为自己的职业，受雇于职业俱乐部，所有赛事和活动都要受经纪人和俱乐部的控制和安排。职业拳击与业余拳击的区别具体体现在六个方面。

一、比赛的性质不同

职业拳击运动员参加的比赛完全是商业性质的娱乐活动，参赛的目的是赚钱。不论比赛的结果如何，只要不违反规则的情况下完成比赛，职业拳击运动员都可以拿到比赛合同约定的报酬。职业拳击运动员参赛报酬的多少取决于其所在级别和在拳坛上影响力的大小。一般行情是，重量级拳击运动员报酬最高，中量级次之，轻小级别则较少。由于职业拳击运动员把打拳作为一种职业，所以他们在比赛中获得的报酬是日常生活、训练和参赛的经济保障。美国的有关法律规定，职业拳击运动员只有在有经纪人的情况下才能安排比赛事宜，运动员自己不能私下签订任何比赛协议。在经纪人的合同约束下，职业拳击运动员的赛事与行动会受到一定的约束和限制。因经纪人具有让职业拳击运动员获得利益和维护其利益的作用，对职业拳击运动员未来的发展影响很大，故职业拳击运动员都千方百计地为自己寻找最理想的经纪人。职业拳击运动员挑战拳王的资格只有经过无数次的排名战，通过竞争、提升名次后才有机会获得。职业拳击运动员不是想和谁比赛就和谁比赛，关键要看和谁比赛能让观众感兴趣。

业余拳击以锻炼身体、提高运动技术水平和增进友谊为宗旨，始终朝着体育教育的道路前进和发展。业余拳击运动员代表国家或地区参加比赛，运动技术水平是反映一个国家或地区开展该项运动的综合实力。参赛的业余拳击运动员只获得奖牌，没有酬金。业余拳击运动员参赛的费用由参赛国政府投入。业余拳击运动员最高水平的比赛是奥运会。

二、比赛的回合设置不同

职业拳击与业余拳击在比赛的回合设置上不同。职业拳击比赛的回合数多，时间自然也就长；因为是商业赛事，必须满足观众的观赏需求和与门票价值对等的时间需求。职业拳击比赛的初期是没有回合数限制的，直到一方失去反抗能力而认输才算结束，比赛相当残酷。后来为了保护拳手的安全，职业拳击比赛的拳王争霸赛的回合数被限定为 15 个回合。1983 年，世界拳击协会轻量级拳王、美国选手雷·曼西尼在卫冕战中于第 14 个回合打死了韩国挑战者金得九。两个月后，金得九的母亲因丧子悲伤过度，服毒自尽。消息一经披露，给世界拳坛带来了巨大的震撼，世界各大体育媒体纷纷探讨 15 个回合的比赛是否符合职业拳击发展的需要。在强大的外部压力之下，世界拳击协会经过反复论证，最后把拳王争霸赛的回合数缩减为 12 个回合。除正规争夺拳王头衔的比赛必须打满 12 个回合外，其他比赛则可以根据双方运动员的情况和比赛的需要设定为 4、6、8 或 10 个回合。

为了满足观众的需求，每组织一场拳王争霸赛必须保证有 40 个回合总数的比赛。所以，正规的拳王争霸赛必须找 3 ~4 对儿打垫场赛的拳击运动员，以满足拳击组织对时间的要求。职业拳击比赛每个回合为 3 分钟，中间休息 1 分钟，如果打满全场（12 个回合），全程赛制 47 分钟；职业拳击运动员在拳台上实际打斗的时间为 36 分钟，这对拳击运动员的耐力、意志是一个相当严峻的考验。

业余拳击比赛曾经实施过 3 分钟的 3 回合制、2 分钟的 5 回合制、2 分钟的 4 回合制等赛制。目前，业余拳击比赛实行的是一场比赛有 3 个回合，每个回合 3 分钟，回合间休息 1 分钟，全程赛制 11 分钟，实际对抗时间为 9 分钟。业余拳击比赛运动员因加戴护具过多而使比赛的观赏性受到影响，而实行短赛程的赛制就是主张进攻，以增加比赛的激烈性。

三、穿戴护具不同

职业拳击运动员上场比赛最明显的标志是赤裸上身，不戴头盔，短裤的样式和颜色各式各样。职业拳击运动员唯一的护具是咬在嘴里的护齿。这样做的最重要的目的就是满足商业需求，观众可以从直接、激烈、精彩的对抗中感受到最原始和最真实的生命力量。职业拳击运动员不仅防护简单，而且参赛时戴的拳击手套也比业余拳击运动员的轻薄。因职业拳击比赛追求击倒对手，所以伤害事故也比业余拳击比赛的多。

业余拳击比赛非常注重对运动员安全的保护。除了和职业拳击运动员一样必须佩戴护齿，业余拳击运动员在比赛时还必须佩戴头盔，短裤和背心的颜色统一，使用的手套也比职业拳击运动员的手套更厚重。业余拳击比赛大多数以点数定胜负，少见运动员击倒不起或双方点数悬殊的比赛。

四、体重级别的划分不同

由于职业拳击比赛属于商业性质的比赛，对职业拳击运动员的保护措施较少，且比赛时间较长，因此世界拳击组织对职业拳击比赛的体重级别划分相当严格，具体由 47.6 公斤级到 90.7 公斤以上级共划分 17 个级别，各级别间平均相差只有 2.5 公斤，而轻小级别的每个级别之间体重相差在 1 公斤左右。

业余拳击比赛因比赛时间短，且对运动员的保护比较完备，所以，其体重级别划分没有职业拳击比赛的那么细致。截至 2022 年，业余拳击比赛（奥运会的拳击比赛）的体重级别划分如下：男子业余拳击比赛共分为 7 个级别，包括 51 公斤级、57 公斤级、63.5 公斤级、71 公斤级、80 公斤级、92 公斤级和 92 公斤以上级；女子业余拳击比赛共分为 6 个级别，包括 50 公斤级、54 公斤级、57 公斤级、60 公斤级、66 公斤级和 75 公斤级。

五、比赛宣传方式不同

职业拳击比赛的目的是营利。拳击经纪人敢于在职业拳击运动员身上投资，推广人敢于花钱运作这些大规模的赛事，就是冲着职业拳击比赛能产生高额回报来的。职业拳击运动员进入职业拳坛后，在职业拳坛树立威信和扩大影响力是很重要的，因为越是有影响力的拳击运动员，就越有市场号召力。

当推广人在签单赛事后，就开始对比赛进行不遗余力的宣传推广、巡游造势，制造花样百出的新闻，公布真真假假的拳击运动员与比赛信息，其目的就是扩大比赛的辐射面，兜售门票，吸引网络客户，并从中分红。为了满足商业赛事的需要，调动现场观众的情绪，营造热烈气氛，职业拳击比赛在运动员出场仪式上更是大做文章，尽情渲染。当职业拳王争霸赛开始时，挑战者首先出场。等挑战者进入拳台后，拳王才在众人拥簇下腰系金腰带出场。

业余拳击比赛就没有如此繁杂的出场仪式和赛前推广，即使现场没有观众，比赛也会照样进行，因为奥运会拳击官员和运动员更注重名次和比赛过程的公平、公正，比赛能否营利不是他们考虑的事情。运动员在上届比赛中获得的奖牌也不需要带到下一届的赛场。

六、评分规则不同

职业拳击比赛有 1 名场上裁判员和 3 名台下评判员。3 名评判员分别坐在拳台周边三个不同方向的位置，采用手工记分的方式打分。每个回合结束后，台下评判员将自己给拳击运动员打出的分（由专人收集后）送交给拳击协会代表，由代表在总分表上汇总。一旦台下评判员就一个回合做出裁决，就不能再变更或调整，以使评分保持公正。

业余拳击比赛有 1 名场上裁判员和 5 名台下评判员。5 名评判员分别坐在拳台四个面的指定位置，其中一个面有 2 名评判员，目的是确保每个角度都有评判员进行公平、公正的评判。比赛使用电子计分盒进行打分。

为了提高业余拳击比赛的观赏性，促进比赛双方运动员的对抗，2013 年业余拳击比赛规则重点对评判的方式进行了修改。其参考职业拳击比赛的评判方法，同为 10 分制，每个回合获胜方得 10 分，另外一方根据比赛情况给予 7 ~ 9 分。职业拳击比赛和业余拳击比赛在评判方式上没有较大的差异，但执裁在裁判员的尺度上有明显的区别。在职业拳击比赛中，台上裁判员为了迎合观众的口味，调动赛场的氛围，使比赛的场面激烈、火爆，对拳击运动员的相互顶撞、推压、扭抱等轻微属于犯规的动作尽量不予判罚。业余拳击则不同，每个参赛的运动员都代表了一个国家或地区，他所获得的荣誉是至高无上的。所以，为了保证比赛顺利进行、体现奥林匹克精神，台上裁判员对比赛规则的执裁是一丝不苟、十分严格的，任何违规的行为都要判罚，轻者警告，重者停止比赛或取消比赛资格。

第四节　拳击组织简介

一、业余拳击组织

（一）国际业余拳击联合会

国际业余拳击联合会简称国际拳联（AIBA）。国际拳联最早成立于 1924 年，但因为第二次世界大战被迫停止工作；后于 1946 年在英国伦敦，根据英国业余拳击协会和法国拳击协会的提议重新组建。截至 2022 年，国际赛联已有 200 余个协会会员。国际拳联是国际奥委会承认的国际单项体育组织，是国际体育联合会的成员。

国际拳联正式工作语言为英语、西班牙语、德语、俄语和法语。

国际拳联的任务：传播业余拳击运动的精神和开展各国运动员之间的友好竞赛，制定世界锦标赛和国际比赛的规程，保证国际拳联的一切比赛遵守规则，促进各会员之间的相互友好和尊重。

国际拳联的最高权力机构是代表大会，每 4 年举办 1 次。每个会员协会可派 3 名代表参加，有 1 票表决权。国际拳联的领导机构是执委会。

国际拳联下设技术委员会、裁判员委员会、医务委员会和财务委员会。技术委员会、由执委、主席、副主席和若干委员组成。其任务是：解释章程、规划、训练、器材和设备的生产等问题，向执委会提出建议。

裁判员委员会由执行委员（以下简称执委）和优秀裁判员组成。其任务是：任命奥运会和世界锦标赛的裁判员；在执委会的领导下，对国际拳联的候补裁判员和正式裁判员进行考试；研究和分析重大比赛的裁判工作等。

医务委员会由若干高水平医生组成（每个大洲不少于 4 名）。其任务是：向执委会报告运动员的身体状况，提出预防外伤的建议，组织参加奥运会和世界锦标赛的医务小组等。

财务委员会由执委组成。其任务是：监督财政收支情况，向执委会提出扩大基金的建议，向代表大会报告财政状况。

上述委员会同执委会一样，每年至少召开 1 次会议。

国际拳联的主要比赛有奥运会拳击赛、世界锦标赛、世界杯赛、洲锦标赛、世界青年锦标赛和国际邀请赛，所有比赛都按国际拳联的规则进行。

国际拳联章程明确规定，所有会员权利均等，不允许有任何形式的歧视。国际拳联规定，给正式比赛的优胜者授奖时，要升国旗、奏国歌。

中国拳击协会于 1987 年加入这一组织。

（二） 中国拳击协会

中国拳击协会是由各省（自治区、直辖市）体协、各行业体协等拳击运动组织自愿结成的，专业性的，以推动本项运动发展、促进拳击运动普及和技术水平提高的全国性体育非营利性社会团体。

中国拳击协会成立于 1986 年。宗旨是：遵守宪法等法律、法规和国家政策，遵守社会道德风尚，团结全国拳击运动工作者和爱好者，倡导和普及群众性拳击运动的开展，促进拳击运动技术水平的提高，发展拳击事业，为国争光，为社会主义物质文明和精神文明建设服务。

（三） 业余拳击主要赛事及奖牌榜

1. 奥运会的拳击比赛

拳击运动是在 1904 年圣路易斯奥运会上被列为正式比赛项目的。截至 2020 年已举办了 32 届。女子拳击是在 2012 年伦敦奥运会上被列为正式比赛项目的。奥运会拳击比赛是业余拳击最高水平的赛事，代表着业余拳击运动技术发展趋势和方向。从奥运会拳击比赛奖牌榜（表 1-1）来看，美国、古巴和英国分别列奖牌榜的前三位。这 3 个国家一直以来都是拳击运动的强国，虽然近年来亚洲的一些国家在拳击运动的发展上有了较大的进步，逐渐在缩小与欧美传统拳击强国之间的差距，但是从目前业余拳击运动发展的趋势来看，在今后的奥运会拳击比赛场上，欧美国家的领先地位依旧难以动摇。由于欧美国家参加奥运会拳击比赛的时间早、次数多，相对亚洲国家来说积累了丰富的经验，技战术打法也更成熟，因而拳击运动开展较晚的亚洲国家、非洲国家和大洋洲国家想要赶上欧美强国，还需要很长的路要走。

表 1–1　奥运会拳击比赛奖牌榜（截至 2020 年）　　单位：枚

排名	国家	金牌	银牌	铜牌	总数
1	美国	50	27	40	117
2	古巴	41	19	18	78
3	英国	20	15	27	62
4	意大利	15	15	18	48
5	苏联	14	19	18	51
6	俄罗斯	10	5	15	30
7	匈牙利	10	2	8	20
8	波兰	8	9	26	43
9	哈萨克斯坦	7	7	10	24
10	阿根廷	7	7	10	24

2. 世界拳击锦标赛

世界拳击锦标赛是除奥运会拳击比赛以外，在业余拳击比赛中另外一项高级别的赛事。世界拳击锦标赛第十届于 1974 年在古巴哈瓦那举行，只设有男子项目，截至 2017 年共举办了 19 届。第十届女子世界拳击锦标赛是在男子世界拳击锦标赛开始 27 年后的 2001 年开始举办的，比赛地点设在美国的斯克兰顿，截至 2019 年共举办了 11 届。

从男子世界拳击锦标赛奖牌榜（表 1–2）来看，古巴、俄罗斯和美国分别列奖牌榜的前三位。除俄罗斯外，美国和古巴也在奥运会拳击比赛奖牌榜的前三位，体现了这 2 个国家在业余拳击领域的绝对优势。

表 1–2　男子世界拳击锦标赛奖牌榜（截至 2021 年）　　单位：枚

排名	国家	金牌	银牌	铜牌	总数
1	古巴	80	35	28	143
2	俄罗斯	26	21	22	69
3	美国	18	13	19	50
4	苏联	15	11	17	43
5	哈萨克斯坦	14	15	22	51
6	乌兹别克斯坦	9	15	19	43
7	保加利亚	8	8	19	35
8	乌克兰	7	12	11	30
9	罗马尼亚	7	5	17	29
10	阿塞拜疆	7	4	11	12

从女子世界拳击锦标赛的奖牌榜（表1–3）来看，俄罗斯、中国和印度分别列奖牌榜的前三位。俄罗斯的男子拳击和女子拳击在世界拳击锦标赛上都占有绝对的优势，体现了该国拳击运动的普及程度以及开展的水平，也是唯一的一个男子和女子拳击运动成绩都排在奖牌榜前列的国家。与奥运会拳击比赛和男子世界拳击世界锦标赛奖牌榜排列不同的是，女子拳击世界锦标赛奖牌榜分列第二位和第三位的是中国和印度两个亚洲国家。亚洲拳击运动的开展相对较晚，尤其是中国，1986年中国才开始正式恢复。中国在男子拳击方面与欧美拳击强国存在一定的差距，但是在女子拳击方面已经有了非常大的突破，形成了自己的风格体系，并且在世界范围内体现了较强的优势。

表1–3　女子世界拳击锦标赛奖牌榜（截至2022年）　单位：枚

排名	国家	金牌	银牌	铜牌	总数
1	俄罗斯	24	11	25	60
2	中国	18	15	17	50
3	土耳其	11	8	16	35
4	印度	10	8	21	39
5	美国	8	9	22	39
6	朝鲜	8	7	10	25
7	加拿大	8	3	17	28
8	爱尔兰	8	1	1	10
9	哈萨克斯坦	5	5	13	23
10	意大利	4	5	4	13

二、职业拳击组织

世界职业拳击组织被公认的有四大组织，分别是世界拳击协会、世界拳击理事会、国际拳击联合会和世界拳击组织。这四个职业拳击组织注册的运动员多，加盟的地区组织多，注册运动员所附加的商业价值高。

（一）世界拳击协会

世界拳击协会创立于1921年，一开始仅仅是美国国内的职业拳击团体，当时美国有17个州的拳击协会加盟了这一组织。当时的世界拳击协会是世界上最好的职业拳击组织，它组织的比赛被认为是具有权威性的赛事，影响力波及全世界。

（二） 世界拳击理事会

世界拳击理事会成立于1963年，总部设在墨西哥城。世界拳击理事会是四大组织中拥有国家级职业拳击机构最多、拥有职业经纪人最多、职业冠军最具有权威性的机构。世界拳击理事会组织的比赛，拳击运动员最多，世界拳击理事会的常规职业排名可以排到40多位，而其他三大组织的拳击运动员职业排名经常只能排到15位。世界拳击理事会对职业拳击的发展做出了很多贡献。比如，为了保护拳击运动员的健康，1983年，世界拳击理事会将职业洲际冠军和世界冠军的比赛回合数从原来的15个回合缩减为12个回合；此外，世界拳击理事会率先完全实施了现有的职业拳击减点打分方式（世界拳击协会曾经使用过，不过未成为统一标准）。目前，这一职业拳击的打分方式已经被其他的世界职业赛事，如自由搏击、终极格斗冠军赛、泰拳等赛事所采用。

（三） 国际拳击联合会

1983年，任职于世界拳击协会副主席的美国人罗伯特·李借美国拳击协会在新泽西州大西洋城召开年会的机会，提议将美国拳击协会从世界拳击协会分离出来，把美国拳击协会发展成一个能够与世界拳击协会、世界拳击理事会相互抗衡的第三个拳击组织。罗伯特·李的提议，得到了美国拳击协会内部的一致同意。不久，“美国拳击协会—国际联合会”宣布成立，由罗伯特·李担任主席。在他们的宣传、推广之下，一批美籍世界拳王纷纷倒戈，投身到罗伯特·李的门下，如重量级拳王霍姆斯、中量级拳王哈格勒，一夜之间使成立不久的“美国拳击协会—国际联合会”声望大大提高。1984年，总部设在新泽西州纽瓦克的“美国拳击协会—国际联合会”正式更名为“国际拳击联合会”，成为后来居上、跻身世界拳坛的第三大拳击组织。

（四） 世界拳击组织

在四大组织中，成立时间最短的是世界拳击组织，不过世界拳击组织由于有世界著名推广人鲍勃·阿罗姆的力挺，以及自身非常注重明星效应，积极拉拢大牌选手，所以世界拳击组织在职业拳击界的四大组织中的地位仅次于WBC。世界拳击组织是1988年从世界拳击理事会中分离出来的一个新的职业拳击组织。它的总部设在美国波多黎各，但冠军委员会设在佛罗里达州的迈阿密市。世界拳击组织提出的发展第三世界职业拳击的口号颇得人心，经过短短几十年的发展，世界拳击组织如今已成为与世界拳击协会、世界拳击理事会、国际拳击联合会齐名的世界性拳击组织。近年来，随着世界拳击协会的衰落和国际拳击联合会接二连三的受贿丑闻，世界拳击组织的规模迅速壮大，影响力也日益增强，大有超过世界拳击协会和国际拳击联合会、直逼世界拳击理事会之势。到目前为止，世界拳击组织已在20多个国家举办过冠军赛。

思考题

1. 古代拳击运动的特点及取消的原因。
2. 近代拳击运动是从哪个国家开始复兴的？
3. 简述中国拳击运动的发展历程。
4. 女子拳击运动是从什么时候成为奥运会正式比赛项目的？
5. 职业拳击和业余拳击的区别有哪些？

参考文献

[1] 王德新，樊庆敏．现代拳击运动教程［M］．上海：复旦大学出版社，2012.

[2] HATMAKER M. Boxer's book of conditioning & drilling[M]. San Diego: Tracks Publishing, 2011.

[3] WERNER D, LACHICA A. Fighting fit: boxing workouts, techniques and sparring[M]. San Diego: Tracks Publishing, 2000.

[4] HATMAKER M, WERNER D. Boxing mastery: advanced technique, tactics and strategies from the sweet science[M]. San Diego: Tracks Publishing, 2004.

[5] 陈超，王德新，吴国栋，等．新规则下拳击运动项目特征研究［J］．体育科学，2018，38（10）：89－97.

[6] 俞丰穗．美国奥斯卡获奖拳击电影的文化内涵［J］．电影评介，2013（13）：58－61.

[7] 古里奥尼斯．原生态的奥林匹克运动［M］．沈健，译．上海：上海人民出版社，2008.

[8] 熊斗寅．顾拜旦体育思想研究系列之六：顾拜旦论大众体育及其他［J］．体育与科学，2004（3）：22－25.

第二章　拳击技术

本章教学提示

1. 重点掌握拳击技术的分类体系，了解不同的分类标准。

2. 掌握拳击技术的特征，提高对拳击技术的认识水平。

3. 熟练掌握各项技术的动作方法、动作要领和易犯错误，能够结合自身的理解用准确的语言表述出来。

第一节　拳击技术的分类和特征

一、拳击技术的分类

根据拳击运动的攻防特点，拳击技术可以划分为进攻技术、防守技术和反击技术三类（表2-1）。进攻技术包括单拳、组合拳、步法；防守技术是运动员针对对手使用的进攻技术所采用的具体防守技术动作，包括拍击、闪躲、格挡、阻挡等；反击技术是在完成防守动作后给予对手的反击拳，包括单拳反击、组合拳反击、迎击、二次进攻反击。

表2-1　拳击技术分类体系

技术分类	技术内容	具体技术
进攻技术	单拳	直拳、勾拳、摆拳
	组合拳	两拳组合拳、三拳组合拳、四拳组合拳
	步法	滑步、冲刺步、后撤步、侧步
防守技术	拍击	左手拍击、右手拍击
	闪躲	侧闪、摇闪、下潜、后仰
	格挡	左手格挡、右手格挡
	阻挡	左手阻挡、右手阻挡
	步法	急退步、侧步
	抱头	抱头防守
	贴靠	贴靠防守
反击技术	单拳反击	直拳反击、勾拳反击、摆拳反击
	组合拳反击	两拳组合反击、三拳组合反击、四拳组合反击
	迎击	直拳迎击、勾拳迎击、摆拳迎击
	二次进攻反击	单拳反击、组合拳反击

二、拳击技术的特征

在拳击比赛中，运动员要想取胜，就必须通过拳击技术来实现。拳击技术是拳击运动的基础。在比赛中，技术水平的高低直接影响运动员出拳的速度和力量、组合拳的质量、步法与拳法的协调配合等，这些因素也决定了运动员进攻、防守和反击的效果，最终会影响到比赛的胜负。

拳击是以技术为核心的对抗性项目，在训练中再大的运动量如果没有技术都是无用的，无法提高运动员的运动水平和成绩。拳击项目的灵魂是距离差和时间差，在比赛中谁距离掌握得好，谁就能掌握比赛的主动权，从而始终处于有利的位置。时间差是得点的核心，较好地控制出拳的时间差能提高出拳得点效率。出拳的快慢、轻重可以根据对手在比赛中的实际情况进行变化，让对手无法掌握自己出拳的规律。

（一）进攻技术的特征

在拳击比赛中，进攻常以组合拳为主，单拳进攻应用得相对较少。前手拳的单拳进攻常以假动作的形式运用，前手直拳的运用较多。这是因为：首先，前手拳距离对手较近，运动员可以较好地控制与对手的距离；其次，前手拳常与其他拳法组成组合拳，而且常常是组合拳中的第一拳；最后，前手拳的主动进攻常以假动作的形式出拳，可以达到迷惑对手，使其暴露空当的目的。

步法是拳击技术的重要组成部分。在对抗过程中如何保持身体的平衡，灵活地移动身体，使自己始终处于进攻和防守的最佳位置，是一名拳击运动员必须具备的基本能力。步法技术包括滑步、冲刺步、侧步等技术，是控制与对手距离的基本技术。拳击项目的灵魂是距离差和时间差，而它们都是通过步法的移动来实现的。

（二）防守技术的特征

拳击的防守技术主要有拍击、阻挡、格挡、闪躲等。拍击防守技术主要通过手掌拍击对手的出拳，改变对手出拳的方向，达到防守的目的，多用于直拳的防守反击，拍击后可结合直拳进行反击。阻挡是阻止对手近距离进攻的防守方法。在防守过程中运动员可利用身体抗击打的部位，如肩部和肘部进行阻挡。但阻挡防守不是理想的防守方法，尤其是遇到力量较大的对手时。阻挡防守应该是为了更好地反击对手，而不应是消极的单纯阻挡。格挡防守是利用拳或前臂挡住或格开对手的来拳，从而取得有利的位置去反击对手，多用于防守对手的摆拳。闪躲防守是一种灵敏的防守技术。熟练的闪躲在拳击防守技术体系中是上乘技术，也是现代拳击运动技术发展的趋势。闪躲防守技术在拳击运动中运用较多，主要是针对直拳和摆拳的防守技术。闪躲防守技术如果应用得好，可以使对手暴露出空当，从而使我方有效地进行反击，是防守技术中比较重要的一种防守方法。

（三）反击技术的特征

反击技术是与防守技术紧密结合的一项技术，虽然两者是各自独立的技术，但是在应用上，反击技术必须依赖于防守技术，只有先防守才能有反击。同时，防守技术应用效果的好坏，会直接影响到反击的效果。反击的效果取决于防守的效果、反击速度和反击的时机等。

通过上述分析可以看出，拳击技术是拳击运动竞技能力的核心技能，与战术一起在拳击运动中起着主导性的作用。技术是战术的基础，技术的全面性决定了比赛中战术运用的多样化。拳击技术是得分的具体手段。拳击技术特征主要体现在出拳的命中率、时间差和距离差上，也就是出拳技术动作的规范性、出拳的爆发力、出拳与步法的协调性、进攻与防守的配合、防守反击的时机和有效把握场上的距离等方面。

第二节　准备姿势和握拳法

一、准备姿势

准备姿势是拳击运动员在进攻和防守时的一种基本技术，准备姿势可以让运动员以最佳的姿势快速地进攻和防守。正确的准备姿势能帮助拳击运动员更好地发力，也能使运动员更好地保持身体平衡。

正确的准备姿势是两脚前后开立，两腿膝关节自然弯曲，身体重心在两腿之间；双臂置于身体两侧，肘关节弯曲，双手自然握拳；下颌收紧。准备姿势分为正架和反架。正架是左手在前、右手在后（图2-1）。反架右手在前、左手在后。本教材没有特别说明的情况下，所有举例都以正架为例。

动作方法：两脚前后开立，前后距离与肩同宽或略宽于肩，左右之间的水平距离为25厘米左右，两脚内扣，右脚脚跟稍抬起；膝关节自然弯曲，内扣，身体重心在两腿之间；双臂肘关节弯曲，置于身体两侧；双手握拳，右拳置于右侧下颌处；右臂肘关节贴紧躯干，左臂肘关节弯曲约90°，左拳的高度大约与自己的鼻尖同高，同时含胸、收腹、收下颌，眼睛通过前手拳峰向前看。

动作要领：为了保证身体的平衡和稳定，防止身体的侧倒，两脚左右之间的距离应保持在25厘米左右，避免在一条直线上。准备姿势要求膝关节自然弯曲，内扣，降低身体重心。膝关节自然弯曲的屈伸力量可以加强后脚的蹬力，同时也可以避免肌肉僵硬，但是在移动时要注意右脚脚跟不能着地，以免影响移动的速度。

在拳击运动中，准备姿势是进攻和防守的基础，两脚要像树根抓地一样来稳定身体。

静止状态的准备姿势容易保持，但是在快速移动中保持身体平衡的情况下保持好准备姿势并不容易，这就要求运动员在平时的训练中勤奋练习，以打下良好的基础。

图 2–1　正架

二、握拳法

在拳击运动中，拳头是运动员进攻的唯一武器。拳击运动员打出的拳之所以有很大的攻击力，是因为打出的拳具有很快的速度和很强的爆发力。正确的握拳法可以让运动员在出拳时保护自己的拳头，还可以让运动员打出最大力量和最快速度。（图 2–2）

动作方法： 在握拳时，五个手指并拢内屈，大拇指扣在食指和中指的上面，手腕稍内扣。为了防止手臂肌肉疲劳，握拳不要太用力，要自然放松。在空击时，运动员可以半握拳，但是在实战中或击打手靶和沙包时，在接触目标前的一刹那，手腕关节要紧张，必须握紧拳头，以防受伤。

图 2–2　握拳法

动作要领： 平时握拳不要太用力，只需在快接近目标的一刹那握紧拳头。

第三节　进攻技术

进攻技术包括步法技术、单拳技术和组合拳技术。步法技术包括滑步、冲刺步、后撤步和侧步；单拳技术包括直拳、摆拳和勾拳；组合拳技术是将两种及以上不同拳法组合在一起运用的技术。

一、步法技术

在 19 世纪前的大部分拳击比赛中，运动员如果运用步法来避开或闪躲对手的攻击，会被视为胆怯的行为。1892 年 9 月 7 日，美国旧金山银行职员詹姆斯·科贝特改变了这一历史，他运用灵活的脚步移动，连续躲过了“少年大力士”约翰·沙利文的重拳攻击，像逗小孩玩一样地躲过了约翰·沙利文的进攻后再进行反击，最终获得了胜利。这场比赛轰动了整个拳击界。这一新的战法，逐渐替代了以前那种两脚不移动，一味蛮打的打法，被拳击界广泛采用，使拳击技术进入了新的发展阶段，显示了拳击的技术性和艺术性。

步法是拳击比赛中运动员为了改变角度、距离和取得较好的击打效果所采用的各种脚步动作的总称，包括滑步、冲刺步、后撤步和侧步四种。

步法技术是拳击技术的重要组成部分，包含着进攻和防守的双重含义。正确地运用步法可以使运动员保持身体平衡，灵活地移动身体，快速有力地出拳。

（一） 滑步

滑步是为了调整自身与对手的有效攻击距离，逼近对手或引诱对手出拳的步法。滑步具体包括前滑步、后滑步、左滑步、右滑步，是拳击运动中运用最多的步法。

1. 前滑步

前滑步是指通过移动寻找与对手之间的合适距离而使自己在台上处于有利位置的、可以配合各种拳法前进击打的步法。（图 2–3）

图 2–3　前滑步

动作方法：从准备姿势开始，后脚脚掌用力蹬地推动身体向前移动，前脚紧贴地面向前移动 20 ~ 30 厘米，后脚轻擦地面迅速跟进相同距离。移动时重心始终保持在两腿之间，保持身体重心平稳移动，不要上下起伏。

动作要领：在移动过程中要注意前、后脚移动距离相同，两脚之间的距离始终保持准备姿势的宽度。同时，前脚移动时尽量贴近地面，不要有明显的抬起或迈步移动，这样才能保证移动的最快速度。

前后滑步

教学方法：讲解示范，集体练习，两人一组配合练习。

2. 后滑步

后滑步是退步防守和退步反击的一种步法，后滑步的要求和前滑步大致相同，但是移动的方向相反。（图 2-4）

图 2-4　后滑步

动作方法：从准备姿势开始，前脚用力蹬地推动身体向后移动，同时后脚紧贴地面向后移动 20～30 厘米，前脚迅速收回相同距离。身体重心始终保持在两腿之间，移动时保持身体重心平稳，不要上下起伏。

动作要领：在移动过程中要注意前、后脚移动距离相同，两脚之间的距离始终保持准备姿势的宽度。为提高移动的速度，后滑步时前脚掌必须用力蹬地推动身体向后移动，移动时前脚要用短促的弹力蹬地。连续前后移动时，移动的路线尽量保持直线。

教学方法：讲解示范，集体练习，两人一组配合练习。

3. 左滑步

左滑步是运动员向左侧移动的步法，起到进攻或防守的目的。（图 2-5）

左右滑步

动作方法：从准备姿势开始，后脚用力蹬地推动身体向左侧移动。移动时后脚蹬地，前脚紧贴地面向左移动 20～30 厘米，后脚迅速跟进，身体重心始终保持在两腿之间。同时，移动时保持身体重心平稳，不要上下起伏。

动作要领：在移动过程中要注意前、后脚移动距离相同，两脚之间的距离始终保持准备姿势的宽度。移动时以后脚蹬地的弹力推动身体向左移动，为了保持身体的平衡，前脚移动的幅度不能过大，后脚跟进要迅速，移动后还要保持准备姿势。

教学方法：讲解示范，集体练习，两人一组配合练习。

图 2–5　左滑步

4. 右滑步

右滑步的技术要领同左滑步，只是方向相反。右滑步同样是配合进攻或防守的基本步法。(图 2–6)

图 2–6　右滑步

动作方法：从准备姿势开始，前脚用力蹬地推动身体向右侧移动。移动时前脚蹬地，后脚紧贴地面向右移动 20 ~ 30 厘米，前脚迅速跟进相同距离，身体重心始终保持在两腿之间。同时，移动时保持身体重心平稳，不要上下起伏。

动作要领：在移动过程中要注意前、后脚移动距离相同，两脚之间的距离始终保持准备姿势的宽度。移动时以前脚蹬地的弹力推动身体向右移动，为了保持身体的平衡，后脚移动的幅度不能过大，前脚跟进要迅速，移动后还要保持准备姿势。连续左右滑步时，两脚移动的路线尽量保持平行，避免向左前方或右后方移动。

教学方法：讲解示范，集体练习，两人一组配合练习。

（二）冲刺步

冲刺步和后撤步

冲刺步是一种快速、突然、有效的进攻步法，主要用于中长距离的进攻。冲刺步与前滑步在技术动作的要求方面较为类似，只是移动的速度比前滑步快，移动的距离比前滑步长。（图 2-7）

图 2-7 冲刺步

动作方法：从准备姿势开始，后脚用力蹬地推动身体向前移动。移动时后脚蹬地，前脚稍抬离地面，两脚同时向前移动 40～50 厘米，移动时重心稍向前移，以提高移动速度。同时，移动时保持身体重心平稳，不要上下起伏。

动作要领：在移动过程中要注意，冲刺步相对于前滑步来说，移动的速度更快，移动的距离也更长。

教学方法：讲解示范，集体练习，两人一组配合练习。

（三）后撤步

后撤步是用于迅速摆脱对手，避开对手的直接攻击和重新调整对抗状态的步法。它的动作要求类似于后滑步，但是比后滑步移动的速度更快，距离更远。（图 2-8）

动作方法：从准备姿势开始，前脚用力蹬地推动身体向后移动。移动时前脚蹬地，后脚稍抬离地面，两脚同时向后移动 40～50 厘米，移动时重心稍向后移，以提高移动的速度。同时，移动时保持身体重心平稳，不要上下起伏。

动作要领：移动时前脚掌用力蹬地，后脚先后撤一大步，同时迅速收回前脚，以保持好身体的攻防姿势及身体平衡。在后撤一步后，如果对手继续跟进攻击，这时就不能连续后撤了，应迅速向右或向左侧步，避开对手的连续进攻。

教学方法：讲解示范，集体练习，两人一组配合练习。

图 2-8　后撤步

（四）侧步

侧步是结合防守的一种步法，在对手快速进攻时通过步法移动到对手身体的外侧，避开对手的攻击，同时，为自己创造有利的反击位置。侧步分为左侧步和右侧步两种，移动时都是转向对手的身体外侧。（图 2-9、图 2-10）

侧步

动作方法：从准备姿势开始，左侧步时左脚迅速向左侧上一步，同时身体稍右转。右侧步时右脚迅速向右侧上一步，同时身体稍左转。

图 2-9　左侧步

图 2-10　右侧步

动作要领：为了提高移动的速度，可稍向后仰，并结合同侧的拳法进行反击。左侧步时可以结合左手摆拳反击，右侧步时可以结合右直拳进行反击。侧步时除了身体转动外，两脚也要同时随身体向左或向右转。由于与对手的距离较近，右侧步的难度要大于左侧步，所以，右侧步时上步和转动要迅速，同时保持身体重心的平稳。

教学方法：讲解示范，集体练习，两人一组配合练习。

（五）步法在拳击比赛中的应用

步法是拳击运动的核心技术之一，在拳击比赛瞬息万变的对抗中，只有依靠灵活、敏捷的步法移动，才能有效地发挥个人的攻防技术，很好地保护自己和有力地击打对手。因此，拳击的步法是比赛胜利的首要条件。

1. 利用步法调整与对手的距离

在比赛中，与对手保持的最佳距离，就是自己起动能击打对手，而对手却无法打到自己的有效距离。要达到这一目的，就必须依靠灵活的步法，不断地进行有目的、有意识的调整和移动。首先，要根据对手进攻时具体的进攻方向和角度，以对手攻击的距离，确定自己闪躲防守的距离。其次，利用灵活的步法，迅速地上步靠近对手，进行快速而有力的反击。应该注意，闪躲或退让的距离不宜过大，闪躲的目的就是反击，要能够在闪躲之后以最快的速度对对手进行有效的反击，做到进退有致，如影随形。

2. 利用步法调整身体及攻守的角度

在比赛时，不能灵活地改变与对手相对的位置和角度，就可能遭到对手的攻击，而自己反击又打不到对手。所以，与对手相对站位时角度的变化，就成了击打对手的基本前提。例如，当对手从正面进攻时，自己可以迅速移动步法，绕到对手的侧面，避开其正面猛烈的攻击，从侧面予以反击。这样一来，既避开了对手的进攻，又能轻易地击中对手，通过相对角度和方向的变化，达到防守和反击的目的。

3. 利用步法后发先至

在比赛中若预测到对手下一个动作的意图时，应迅速起动抢先进攻对手，用合理的技术动作封堵或避开其动作线路并击打对手，达到遏制对手进攻的目的。这种技术成功的根本在于时机的把握和步法的快捷与灵活。

4. 结合步法进行有效的防守

要想在比赛中成功地防守对手，除了掌握正确合理的防守技术和适当的防守时机，还要求做防守动作时必须结合灵活的步法，使防守更合理，效果更好。在对手进攻时，身体应处于合理的角度，并尽可能地抢占最佳防守反击的位置，在避其锋芒的同时进行反击，变被动为主动。因此，步法移动是防守的重要环节，只有结合灵活的步法，采用合理的防守技术，才能达到防守和相应反击的双重目的。

在拳击比赛中，利用步法做假动作，分散对手的注意力进行进攻的战术被经常采用。进攻时，先利用有假动作的步法分散和引开对手的注意力，然后迅速改变动作方向攻击对手漏洞。这种方法既可用于主动攻击，也可用于防守反击，只要将对手的注意力吸引到你的假动作上来，就有机会击打对手。拳击运动员要有丰富的比赛经验、沉着冷静的心理状态、敏锐的判断力和熟练灵活的步法移动，才能做到步法假动作逼真，吸引对手上当。

二、单拳技术

（一）直拳

在拳击运动中，单拳技术有直拳、勾拳和摆拳三种。其中，直拳是拳击运动中最基本的拳法，也是其他拳法的基础，分为左直拳和右直拳两种。

左直拳

击打路线呈直线的拳法叫作直拳。直拳具有距离短、速度快的特点，是拳击运动中应用较多的一种拳法。

1. 左直拳

左直拳是以左拳直线进攻的一种拳法，具有距离短、进攻快速、能攻能守的特点。左直拳在身体的前面，不仅可以快速进攻，还可以结合假动作引诱对手暴露空当和阻挡对手进攻，所以在比赛中左直拳是应用最多的一种拳法。（图 2-11）

图 2-11　左直拳

动作方法：从准备姿势开始，右脚保持不动，左脚蹬地，髋关节和躯干沿纵轴稍向右侧旋转，同时左肩前送，左臂迅速沿直线发力伸直。在即将击打到目标之前，手腕紧张同时迅速内旋至拳心朝下，击打高度与肩同高。出左拳的同时右拳自然收回到下颌位置。

动作要领：出拳轨迹为直线，整个出拳过程上肢肌肉要放松，协调配合转髋动作，把身体的力量集中到拳头上，使击打有爆发性。要求拳在接触到目标后要迅速收回，不要有停顿动作。

教学方法：讲解示范后可以将动作进行分解练习，将左直拳分解为出拳、还原准备姿势两步。初期以要求动作规范和体会出拳路线为主，熟练后以结合转髋体会动作的发力为主。

在教学组织方法上先原地练习体会发力，再两人一组结合手靶练习，最后结合步法练习。

2. 右直拳

右直拳技术动作方法与左直拳相似，但右直拳距离对手比左直拳稍远，故进攻速度相对稍慢。右直拳往往是拳击运动员的主力拳，攻击力量大，是拳击比赛中经常使用的重拳之一。(图 2-12)

右直拳

动作方法：从准备姿势开始，左脚保持不动，右脚蹬地，髋关节和躯干沿纵轴稍向左侧旋转，同时右肩前送，右臂沿直线迅速发力伸直。在即将击打到目标之前，手腕紧张同时迅速内旋至拳心朝下，击打高度与肩同高。出右拳的同时左拳收回到下颌位置，保护好自己。

图 2-12 右直拳

动作要领：出拳轨迹为直线，击打的目标为对手头部。出拳要协调配合髋关节和身体的转动，脚蹬地、转髋、出拳协调一致，这样才能把全身的力量集中到拳头上打出去。在出拳的同时身体重心还要保持在两腿之间，左拳自然收回到下颌位置做好防守。

教学方法：讲解示范后可以将动作进行分解练习，将右直拳分解为出拳、还原准备姿势两步。初期以要求动作规范和体会出拳路线为主，熟练后以结合转髋体会动作的发力为主。在教学组织方法上先原地练习体会发力，再两人一组结合手靶练习，最后结合步法练习。

（二）摆拳

摆拳是通过上肢的摆动，从侧面击打对手的一种拳法，分为左摆拳和右摆拳两种。摆拳的优点是击打的力量大，缺点是因动作幅度大而造成出拳速度慢，易被对手预判而提前采取防守措施，所以在比赛中需要配合其他拳法组成组合拳使用。

1. 左摆拳

左摆拳相对于右摆拳，具有距离短、击打速度快的特点，以对手头部外侧为主要击打目标，也是比赛中应用较多的拳法之一。左摆拳的击打分为两种：第一种是距离对手稍远时采取抬肘、翻腕的形式击打，击打时肘关节角度较大；第二种是以扣腕、拳心朝向自己的形式击打，击打时肘关节角度相对较小，这种形式的左摆拳相对于第一种左摆拳具有速度快的特点，但击打距离较远时不利于发力。（图 2–13）

左摆拳

图 2–13　左摆拳

动作方法：从准备姿势开始，第一种形式的左摆拳是左脚蹬地，髋关节沿身体纵轴随着出拳向右转，同时左拳从身体左侧向右沿弧形摆动击打至身体前方的正中线，击打后肘关节上翻高于拳，角度为 120°～130°，翻腕击打对手。第二种形式的左摆拳出拳路线与第一种相同，肘关节角度稍小，约为 100°，击打时手腕内扣，拳心朝向自己。出拳时右拳自然回收到下颌处。

动作要领：由于摆拳的移动路线呈半圆形，所以发力不同于直拳，它是横向发力，以击打对手身体的侧面为主。但在出拳时同样要蹬地转髋，结合身体转动增加出拳的力量。注意在出拳时不要摆动过大，摆动过大会严重影响出拳的速度，也会暴露自己的空当。在比赛中裁判员对于摆拳的判罚非常严格，以拳头的侧面和拳根部位击打都属于犯规。所以，摆拳技术要求肘关节上翻或手腕内扣，以拳峰部位击打。

教学方法：讲解示范后可以将动作进行分解练习，将左摆拳分解为出拳、还原准备姿势两步。初期以要求动作规范和体会出拳路线为主，熟练后以结合转髋体会动作的发力为主。在教学组织方法上先原地练习体会发力，再两人一组结合手靶练习，最后结合步法练习。

2. 右摆拳

右摆拳

右摆拳相对于左摆拳，其击打的力量更大，但动作幅度也更大，容易被对手预判，且易暴露自己的空当。所以，在比赛中右摆拳的应用相对左摆拳要更加谨慎。（图 2-14）

动作方法：从准备姿势开始。第一种形式的右摆拳是右脚蹬地，髋关节沿身体纵轴随着出拳向左转，同时右拳从身体右侧向左沿弧形摆动击打至身体前方的正中线，击打后肘关节上翻高于拳，角度为 120°~130°，翻腕击打对手。第二种形式的右摆拳出拳路线与第一种相同，肘关节角度稍小，约为 100°，击打时手腕内扣，拳心朝向自己。出拳时左拳自然回收至下颌处。

图 2-14　右摆拳

动作要领：由于摆拳的移动路线呈半圆形，所以发力不同于直拳，它是横向发力，以击打对手身体的侧面为主。但是出拳时同样要蹬地转髋，结合身体转动增加出拳的力量。注意在出拳时不要摆动过大，摆动过大会严重影响出拳的速度，也会暴露自己的空当。

教学方法：讲解示范后可以将动作进行分解练习，将右摆拳分解为出拳、还原准备姿势两步。初期以要求动作规范和体会出拳路线为主，熟练后以结合转髋体会动作的发力为主。在教学组织方法上先原地练习体会发力，再两人一组结合手靶练习，最后结合步法练习。

（三）勾拳

在拳击运动中直拳和摆拳是远距离进攻时常采用的拳法，而勾拳是近距离对抗中常采用的拳法。顾名思义，勾拳是击打后拳的形状类似于钩子的一种拳法，具有出拳迅速、距离近、衔接性强、攻击全面、单拳应用能力强等特点，主要击打部位为腹部和头部。勾拳按击打目标不同可分为上勾拳和平勾拳，而上勾拳又可以分为左上勾拳和右上勾拳，平勾拳又可以分为左平勾拳和右平勾拳。

1. 上勾拳

(1) 左上勾拳

左上勾拳是以左拳击打对手腹部和下颌为主的一种拳法。其主要在近距离的对抗中使用，也可结合其他拳法应用到中近距离的对抗中，击打对手腹部时应用较多。(图 2-15)

左上勾拳

动作方法：从准备姿势开始，上身沿身体纵轴稍向左转，两拳自然收到下颌位置，左脚蹬地，髋关节和上身迅速沿身体纵轴向右侧转，同时左臂肘关节保持90°～120°的角度。出拳时左前臂外旋至拳心向内，手腕内扣以拳峰部位击打对手腹部或下颌；右拳自然收回到下颌位置。

图 2-15　左上勾拳

动作要领：身体的转动对勾拳的发力尤为重要，所以出拳的整个过程要保持含胸收腹，必须依靠髋关节和躯干的转动来增加出拳的力量。勾拳击打时向上发力，在练习过程中注意体会结合抖肩的动作，可以增加出拳的力量。

教学方法：讲解示范后可以将动作进行分解练习，将左上勾拳动作分解为转体、出拳、还原准备姿势三步。初期以要求动作规范和体会出拳路线为主，熟练后以结合转髋体会动作的发力为主。在教学组织方法上先原地练习体会发力，再两人一组结合手靶进行练习，最后结合步法练习。

(2) 右上勾拳

右上勾拳

右上勾拳是以右拳击打对手腹部和下颌为主的一种拳法。其同样在近距离的对抗中使用。其与左直拳、左上勾拳组成的组合拳在近距离的对抗中应用较多。(图 2-16)

动作方法：从准备姿势开始，右脚蹬地，髋关节和上身迅速沿身体纵轴向左侧转，同时右拳从下颌位置、肘关节保持 90°～120°的角度向身体正前方出拳。出拳时右前臂外旋至拳心向内，手腕内扣以拳峰部位击打对手腹部或下颌；左拳自然收回到下颌位置。

图 2-16 右上勾拳

动作要领：右上勾拳相对于左手位置更靠后，有足够的发力空间，所以在出拳前不需要再转动身体，直接蹬地、转髋和抖肩发力。出拳的整个过程同样要保持含胸收腹。

教学方法：讲解示范后可以将动作进行分解练习，将右上勾拳分解为出拳、还原准备姿势两步。初期以要求动作规范和体会出拳路线为主，熟练后以结合转髋体会动作的发力为主。在教学组织方法上先原地练习体会发力，再两人一组结合手靶练习，最后结合步法练习。

2. 平勾拳

平勾拳的技术动作同摆拳相似，主要的区别在于击打的距离不同，摆拳应用在远距离的对抗中，而平勾拳则应用在近距离的对抗中。在肘关节的角度上，摆拳的角度为 120°～130°，平勾拳的角度大约为 90°。这两种拳法都是横向发力，平勾拳的发力空间相对较小，需要更多地借助身体转动的力量，具有动作幅度小、速度快的特点。

(1) 左平勾拳

左平勾拳是以左拳击打对手头部外侧为主的一种拳法。左平勾拳主要应用在近距离的对抗中，常结合上勾拳使用。(图 2-17)

左平勾拳

动作方法：从准备姿势开始，上身沿身体纵轴稍向左转，两拳自然收到下颌位置，左脚蹬地，髋关节和上身迅速沿身体纵轴向右侧转，同时左臂肘关节保持 90°的角度向身体右侧横向出拳，击打对手头部右侧。出拳时左肩、肘和拳在同一个水平面上，以拳峰部位击打对手；右拳自然收回到下颌位置。

动作要领：出拳的整个过程要保持含胸、收腹、收下颌，不要挺身。因左平勾拳出拳的幅度小，须结合上身的转动来增加出拳的力量。

图 2-17　左平勾拳

教学方法：讲解示范后可以将动作进行分解练习，将左平勾拳分解为转体、出拳、还原准备姿势三步。初期以要求动作规范和体会出拳路线为主，熟练后以结合转髋体会动作的发力为主。在教学组织方法上先原地练习体会发力，再两人一组结合手靶练习，最后结合步法练习。

右平勾拳

（2）右平勾拳

右平勾拳是以右拳击打对手头部外侧为主的一种拳法。右平勾拳主要应用在近距离的对抗中，结合上勾拳的应用较多。（图 2-18）

动作方法：从准备姿势开始，右脚蹬地，髋关节和上身迅速沿身体纵轴向左侧转，右侧肘关节保持 90°的角度向身体左侧横向出拳，右肩、肘和拳在同一个水平面上，肘关节保持 90°的角度，以拳峰部位击打对手头部左侧。出拳的同时左拳自然收回到下颌位置。

图 2-18　右平勾拳

动作要领：右平勾拳相对于左手位置靠后，有足够的发力空间，所以在出拳前不需要转动身体，直接依靠蹬地、转髋来发力。出拳的整个过程同样要保持含胸、收腹、收下颌，不要挺身。

教学方法：讲解示范后可以将动作进行分解练习，将右平勾拳分解为出拳、还原准备姿势两步。初期以要求动作规范和体会出拳路线为主，熟练后以结合转髋体会动作的发力为主。在教学组织方法上先原地练习体会发力，再两人一组结合手靶练习，最后结合步法练习。

三、组合拳技术

组合拳技术是将各种单拳技术按照一定的顺序组成两拳及以上拳法的技术，具有进攻连续、击打全面、难以防守等特点。组合拳按照动作结构可以分为两拳组合拳、三拳组合拳和四拳组合拳。对于一名拳击运动员来说，单拳技术的应用是基础，组合拳技术的应用则全面反映了技术水平的高低。

（一）两拳组合拳

两拳组合拳是将两种拳法组合在一起的拳法。在比赛中应用较多，其动作速度快，连续进攻性较强。拳击运动中常用的两拳组合拳有以下几种。

1. 左一右直拳

左一右直拳是将左直拳和右直拳组合在一起的两拳组合拳。两拳击打的目标相同，都以对手头部为击打目标。（图 2-19）

左一右直拳

动作方法：从准备姿势开始，先出左直拳，在左拳收回的同时，打出右直拳。两拳击打在同一个点上，这个点在自己鼻尖向前的延长线上。

图 2-19　左一右直拳

动作要领：两拳组合拳要求出拳动作连贯，速度快。为了提高击打的速度，左直拳可以不用转髋，只要求右直拳时蹬地、转髋。

教学方法：讲解示范，原地练习，两人一组结合手靶练习，结合步法练习。

左直一右上勾拳

2. 左直一右上勾拳

左直一右上勾拳是将左直拳和右上勾拳结合在一起的两拳组合拳。两拳击打的部位不同，左直拳以对手头部为击打目标，右上勾拳以对手腹部为击打目标。（图2-20）

动作方法：从准备姿势开始，先出左直拳，在左拳收回的同时，打出右上勾拳。左直拳击打头部，右上勾拳击打腹部。

图2-20　左直一右上勾拳

动作要领：出拳过程保持含胸、收腹，以右脚蹬地、转髋为主，左脚站稳不动。右手出拳时左拳要收回到下颌位置，保护好自己。

教学方法：讲解示范，原地练习，两人一组结合手靶练习，结合步法练习。

左直一右摆拳

3. 左直一右摆拳

左直一右摆拳是将左直拳和右摆拳结合在一起的两拳组合拳。两拳击打的目标相同，都以对手头部为击打目标。（图2-21）

动作方法：从准备姿势开始，先出左直拳，在左拳收回的同时，打出右摆拳。两拳击打部位均为头部。

动作要领：两拳组合拳要求出拳动作连贯，速度快。出拳过程保持含胸、收腹，以右脚蹬地、转髋为主，左脚站稳不动。右手出拳时左拳要收回到下颌位置，保护好自己。

教学方法：讲解示范，原地练习，两人一组结合手靶练习，结合步法练习。

图2-21　左直—右摆拳

4. 左上勾—右直拳

左上勾—右直拳是将左上勾拳和右直拳结合在一起的两拳组合拳。两拳击打的目标不同，左上勾拳以对手腹部为击打目标，右直拳以对手头部为击打目标。(图2-22)

左上勾—右直拳

动作方法：从准备姿势开始，先出左上勾拳，在左拳收回的同时，打出右直拳。左上勾拳击打腹部，右直拳击打头部。

图2-22　左上勾—右直拳

动作要领：两拳组合拳要求出拳动作连贯，速度快。出拳过程保持含胸、收腹，以右脚蹬地、转髋为主，左脚站稳不动。右手出拳时左拳要收回到下颌位置，保护好自己。

教学方法：讲解示范，原地练习，两人一组结合手靶练习，结合步法练习。

5. 左—右上勾拳

左—右上勾拳是将左上勾拳和右上勾拳结合在一起的两拳组合拳。两拳击打的目标相同，都以对手的腹部为击打目标，常用在近距离的对抗中。(图2-23)

动作方法：从准备姿势开始，先出左上勾拳，在左拳收回的同时，打出右上勾拳。两

左—右上勾拳

拳击打的部位均为对手的腹部。

动作要领： 两拳组合拳要求出拳动作连贯，速度快。出拳过程保持含胸、收腹，以右脚蹬地、转髋为主，左脚站稳不动。右手出拳时左拳要收回到下颌位置，保护好自己。

教学方法： 讲解示范，原地练习，两人一组结合手靶练习，结合步法练习。

图2-23　左—右上勾拳

左上勾—右摆拳

6. 左上勾—右摆拳

左上勾—右摆拳是将左上勾拳和右摆拳结合在一起的两拳组合拳。两拳击打的目标不同，左上勾拳以对手腹部为击打目标，右摆拳以对手头部为击打目标。(图2-24)

图2-24　左上勾—右摆拳

动作方法：从准备姿势开始，先出左上勾拳，在左拳收回的同时，打出右摆拳。左上勾拳击打腹部，右摆拳击打头部。

动作要领：两拳组合拳要求出拳动作连贯，速度快。出拳过程保持含胸、收腹，以右脚蹬地、转髋为主，左脚站稳不动。右手出拳时左拳要收回到下颌位置，保护好自己。

教学方法：讲解示范，原地练习，两人一组结合手靶练习，结合步法练习。

7. 左摆—右直拳

左摆—右直拳是将左摆拳和右直拳结合在一起的两拳组合拳。两拳击打的目标相同，都以对手头部为击打目标。（图 2-25）

左摆—右直拳

动作方法：从准备姿势开始，先出左摆拳，在左拳收回的同时，打出右直拳。两拳击打的目标均为对手的头部。

动作要领：两拳组合拳要求出拳动作连贯，速度快。出拳过程保持含胸、收腹，以右脚蹬地、转髋为主，左脚站稳不动。右手出拳时左拳要收回到下颌位置，保护好自己。

教学方法：讲解示范，原地练习，两人一组结合手靶练习，结合步法练习。

图 2-25　左摆—右直拳

8. 左摆—右上勾拳

左摆—右上勾拳是将左摆拳和右上勾拳结合在一起的两拳组合拳。两拳击打的目标不同，左摆拳以对手头部为击打目标，右上勾拳以对手腹部为击打目标。（图 2-26）

左摆—右上勾拳

动作方法：从准备姿势开始，先出左摆拳，在左拳收回的同时，打出右上勾拳。左摆拳击打头部，右上勾拳击打腹部。

动作要领：两拳组合拳要求出拳动作连贯，速度快。出拳过程保持含胸、收腹，以右脚蹬地、转髋为主。右手出拳时左拳要收回到下颌位置，保护好自己。

教学方法：讲解示范，原地练习，两人一组结合手靶练习，结合步法练习。

图 2-26　左摆—右上勾拳

9. 左—右摆拳

左—右摆拳是将左摆拳和右摆拳结合在一起的两拳组合拳。两拳击打的目标相同，都以对手的头部为击打目标。（图 2-27）

左—右摆拳

动作方法： 从准备姿势开始，先出左摆拳，在左拳收回的同时，打出右摆拳。两拳击打部位均为头部。

动作要领： 出拳过程保持含胸、收腹，右手出拳时左拳要收回到下颌位置，保护好自己。以右脚蹬地、转髋为主，由于摆拳的出拳幅度较大，出拳时一定要注意出拳的速度。

教学方法： 讲解示范，原地练习，两人一组结合手靶练习，结合步法练习。

图 2-27　左—右摆拳

10. 右直—左摆拳

右直—左摆拳是将右直拳和左摆拳结合在一起的两拳组合拳。两拳击打的目标相同，都以对手的头部为击打目标。（图 2-28）

右直—左摆拳

动作方法：从准备姿势开始，先出右直拳，在右直拳收回的同时，打出左摆拳。两拳击打部位均为头部。

动作要领：出拳过程保持含胸、收腹，左手出拳时右拳要收回到下颌位置，保护好自己。以右脚蹬地、转髋为主，利用右直拳收回时的身体转动来增加左摆拳出拳的力量。

教学方法：讲解示范，原地练习，两人一组结合手靶练习，结合步法练习。

图 2-28　右直—左摆拳

11. 右直—左上勾拳

右直—左上勾拳

右直—左上勾拳是将右直拳和左上勾拳结合在一起的两拳组合拳。两拳击打的目标不同，右直拳以对手头部为击打目标，左上勾拳以对手腹部为击打目标。（图 2-29）

动作方法：从准备姿势开始，先出右直拳，在右拳收回的同时，打出左上勾拳。右直拳击打头部，左上勾拳击打腹部。

图 2-29　右直—左上勾拳

动作要领：两拳组合拳要求出拳动作连贯，速度快。出拳过程保持含胸、收腹，左手出拳时右拳要收回到下颌位置，保护好自己。以右脚蹬地、转髋为主，利用右直拳收回时的身体转动来增加左上勾拳出拳的力量。

教学方法：讲解示范，原地练习，两人一组结合手靶练习，结合步法练习。

12. 右—左直拳

右—左直拳

右—左直拳是将右直拳和左直拳结合在一起的两拳组合拳。两拳击打的目标相同，都以对手头部为击打目标。（图 2-30）

动作方法：从准备姿势开始，先出右直拳，在右拳收回的同时，打出左直拳。两拳击打部位均为头部。

动作要领：两拳组合拳要求出拳动作连贯，速度快。出拳过程保持含胸、收腹，左手出拳时右拳要收回到下颌位置，保护好自己。以右脚蹬地、转髋为主，利用右直拳收回时的身体转动来增加左直拳出拳的力量。

教学方法：讲解示范，原地练习，两人一组结合手靶练习，结合步法练习。

图 2-30　右—左直拳

13. 右上勾—左摆拳

右上勾—左摆拳

右上勾—左摆拳是将右上勾拳和左摆拳结合在一起的两拳组合拳。两拳击打的目标不同，右上勾拳以对手腹部为击打目标，左摆拳以对手头部为击打目标。（图 2-31）

动作方法：从准备姿势开始，先出右上勾拳，在右拳收回的同时，打出左摆拳。右上勾拳击打腹部，左摆拳击打头部。

动作要领：出拳过程保持含胸、收腹，左手出拳时右拳要收回到下颌位置，保护好自己。以右脚蹬地、转髋为主，利用右上勾拳收回时的身体转动来增加左摆拳出拳的力量。

教学方法：讲解示范，原地练习，两人一组结合手靶练习，结合步法练习。

图 2-31　右上勾—左摆拳

14. 右一左上勾拳

右一左上勾拳

右一左上勾拳是将右上勾拳和左上勾拳结合在一起的两拳组合拳。两拳击打的目标相同，都以对手腹部为击打目标。(图 2-32)

动作方法：从准备姿势开始，先出右上勾拳，在右拳收回的同时，打出左上勾拳。两拳击打部位均为腹部。

图 2-32　右一左上勾拳

动作要领：出拳过程保持含胸、收腹，左手出拳时右手要收回到下颌位置，保护好自己。以右脚蹬地、转髋为主，利用右上勾拳收回时的身体转动来增加左上勾拳出拳的力量。

教学方法：讲解示范，原地练习，两人一组结合手靶练习，结合步法练习。

（二） 三拳组合拳

三拳组合拳是将三种拳法根据其特点组合在一起的拳法。其在比赛中应用相对较多，具有进攻全面、连续性强的特点。拳击运动中常用的三拳组合拳有以下几种。

1. 左一右一左直拳

左一右一左直拳是将左直拳、右直拳和左直拳结合在一起的三拳组合拳。(图2-33)

动作方法：先出左直拳，再出右直拳，在右拳收回的同时，打出左直拳。三拳都以对手的头部为击打目标。

左一右一左直拳

动作要领：三拳组合拳要求出拳的节奏感更强，动作连贯，练习时前两拳可以不发力，最后一拳发力。出拳过程保持含胸、收腹，出左拳时右拳收回到下颌位置，出右拳时左拳收回到下颌位置，保护好自己。注意出拳动作的连贯性和步法的协调性，结合髋关节和身体的转动来增加出拳的力量。

教学方法：讲解示范，原地练习，两人一组结合手靶练习，结合步法练习。

图2-33　左一右一左直拳

2. 左直一右直一左摆拳

左直一右直一左摆拳是将左直拳、右直拳和左摆拳结合在一起的三拳组合拳。三拳击打的目标相同，都以对手头部为击打目标。(图2-34)

动作方法：先出左直拳，再出右直拳，在右拳收回的同时，打出左摆拳。三拳都以对手的头部为击打目标。

左直一右直一左摆拳

动作要领：三拳组合拳要求出拳的节奏感更强，动作连贯，练习时前两拳可以不发力，最后一拳发力。出拳过程保持含胸、收腹，出左拳时右拳收回到下颌位置，出右拳时左拳收回到下颌位置，保护好自己。注意出拳动作的连贯性和步法的协调性，结合髋关节和身体的转动来增加出拳的力量。

教学方法：讲解示范，原地练习，两人一组结合手靶练习，结合步法练习。

图 2-34 左直—右直—左摆拳

3. 左直—右直—左上勾拳

左直—右直—左上勾拳是将左直拳、右直拳和左上勾拳结合在一起的三拳组合拳。三拳击打的目标不同，前两拳都以对手头部为击打目标，左上勾拳以对手腹部为击打目标。（图 2-35）

动作方法：先出左直拳，再出右直拳，在右拳收回的同时，打出左上勾拳。左右直拳击打头部，左上勾拳击打腹部。

左直—右直—左上勾拳

动作要领：三拳组合拳要求出拳的节奏感更强，动作连贯，练习时前两拳可以不发力，最后一拳发力。出拳过程中保持含胸、收腹，出左拳时右拳收回到下颌位置，出右拳时左拳收回到下颌位置，保护好自己。注意出拳动作的连贯性和步法的协调性，结合髋关节和身体的转动来增加出拳的力量。

教学方法：讲解示范，原地练习，两人一组结合手靶练习，结合步法练习。

图 2-35 左直—右直—左上勾拳

左直—右上勾—左摆拳

4. 左直—右上勾—左摆拳

左直—右上勾—左摆拳是将左直拳、右上勾拳和左摆拳结合在一起的三拳组合拳。三拳击打的目标不同，左直拳和左摆拳以对手头部为击打目标，右上勾拳以对手腹部为击打目标。（图 2-36）

动作方法：先出左直拳，再出右上勾拳，在右拳收回的同时，打出左摆拳。

图 2-36　左直—右上勾—左摆拳

动作要领：三拳组合拳要求出拳的节奏感更强，动作连贯，练习时前两拳可以不发力，最后一拳发力。出拳过程保持含胸、收腹，出左拳时右拳收回到下颌位置，出右拳时左拳收回到下颌位置，保护好自己。注意出拳动作的连贯性和步法的协调性，结合髋关节和身体的转动来增加出拳的力量。

教学方法：讲解示范，原地练习，两人一组结合手靶练习，结合步法练习。

左直—右上勾—左直拳

5. 左直—右上勾—左直拳

左直—右上勾—左直拳是将左直拳、右上勾拳和左直拳结合在一起的三拳组合拳。三拳击打的目标不同，左直拳以对手头部为击打目标，右上勾拳以对手腹部为击打目标。（图 2-37）

动作方法：先出左直拳，再出右上勾拳，在右拳收回的同时，打出左直拳。

动作要领：三拳组合拳要求出拳的节奏感更强，动作连贯，练习时前两拳可以不发力，最后一拳发力。出拳过程保持含胸、收腹，出左拳时右拳收回到下颌位置，出右拳时左拳收回到下颌位置，保护好自己。注意出拳动作的连贯性和步法的协调性，结合髋关节和身体的转动来增加出拳的力量。

教学方法：讲解示范，原地练习，两人一组结合手靶练习，结合步法练习。

图 2-37　左直—右上勾—左直拳

6. 左摆—右直—左摆拳

左摆—右直—左摆拳

左摆—右直—左摆拳是将左摆拳、右直拳和左摆拳结合在一起的三拳组合拳。三拳击打的目标相同，都以对手头部为击打目标。（图 2-38）

动作方法：先出左摆拳，再出右直拳，在右拳收回的同时，打出左摆拳。三拳都以对手的头部为击打目标。

图 2-38　左摆—右直—左摆拳

动作要领：三拳组合拳要求出拳的节奏感更强，动作连贯，练习时前两拳可以不发力，最后一拳发力。出拳过程保持含胸、收腹，出左拳时右拳收回到下颌位置，出右拳时左拳收回到下颌位置，保护好自己。注意出拳动作的连贯性和步法的协调性，结合髋关节和身体的转动来增加出拳的力量。

教学方法：讲解示范，原地练习，两人一组结合手靶练习，结合步法练习。

左摆—右上勾—左摆拳

7. 左摆—右上勾—左摆拳

左摆—右上勾—左摆拳是将左摆拳、右上勾拳和左摆拳结合在一起的三拳组合拳。三拳击打的目标不同，左摆拳是以对手头部为击打目标，右上勾拳以对手腹部为击打目标。（图 2–39）

动作方法：先出左摆拳，再出右上勾拳，在右拳收回的同时，打出左摆拳。

图 2–39　左摆—右上勾—左摆拳

动作要领：三拳组合拳要求出拳的节奏感更强，动作连贯，练习时前两拳可以不发力，最后一拳发力。出拳过程保持含胸、收腹，出左拳时右拳收回到下颌位置，出右拳时左拳收回到下颌位置，保护好自己。注意出拳动作的连贯性和步法的协调性，结合髋关节和身体的转动来增加出拳的力量。

教学方法：讲解示范，原地练习，两人一组结合手靶练习，结合步法练习。

左上勾—右直—左摆拳

8. 左上勾—右直—左摆拳

左上勾—右直—左摆拳是将左上勾拳、右直拳和左摆拳结合在一起的三拳组合拳。三拳击打的目标不同，右直拳和左摆拳以对手头部为击打目标，左上勾拳以对手腹部为击打目标。（图 2–40）

动作方法：先出左上勾拳，再出右直拳，在右拳收回的同时，打出左摆拳。

动作要领：三拳组合拳要求出拳的节奏感更强，动作连贯，练习时前两拳可以不发力，最后一拳发力。出拳过程保持含胸、收腹，出左拳时右拳收回到下颌位置，出右拳时左拳收回到下颌位置，保护好自己。注意出拳动作的连贯性和步法的协调性，结合髋关节和身体的转动来增加出拳的力量。

教学方法：讲解示范，原地练习，两人一组结合手靶练习，结合步法练习。

图 2-40 左上勾—右直—左摆拳

9. 左上勾—右上勾—左摆拳

左上勾—右上勾—左摆拳

左上勾—右上勾—左摆拳是将左上勾拳、右上勾拳和左摆拳结合在一起的三拳组合拳。三拳击打的目标不同，左摆拳以对手头部为击打目标，左、右上勾拳以对手腹部为击打目标。（图 2-41）

动作方法：先出左上勾拳，再出右上勾拳，在右拳收回的同时，打出左摆拳。

图 2-41 左上勾—右上勾—左摆拳

动作要领：三拳组合拳要求出拳的节奏感更强，动作连贯，练习时前两拳可以不发力，最后一拳发力。出拳过程保持含胸、收腹，出左拳时右拳收回到下颌位置，出右拳时左拳收回到下颌位置，保护好自己。注意出拳动作的连贯性和步法的协调性，结合髋关节和身体的转动来增加出拳的力量。

教学方法： 讲解示范，原地练习，两人一组结合手靶练习，结合步法练习。

左一右一左上勾拳

10. 左一右一左上勾拳

左一右一左上勾拳是将左上勾拳、右上勾拳和左上勾拳结合在一起的三拳组合拳。三拳击打的目标相同，都以对手腹部为击打目标。左一右一左上勾拳主要应用于近距离的对抗中。（图 2-42）

动作方法： 先出左上勾拳，再出右上勾拳，在右拳收回的同时，打出左上勾拳。

图 2-42　左一右一左上勾拳

动作要领： 三拳组合拳要求出拳的节奏感更强，动作连贯，练习时前两拳可以不发力，最后一拳发力。出拳过程保持含胸、收腹，出左拳时右拳收回到下颌位置，出右拳时左拳收回到下颌位置，保护好自己。注意出拳动作的连贯性和步法的协调性，结合髋关节和身体的转动来增加出拳的力量。

教学方法： 讲解示范，原地练习，两人一组结合手靶练习，结合步法练习。

（三） 四拳组合拳

1. 左一右一左一右直拳

左一右一左一右直拳是将直拳按左右顺序结合在一起的四拳组合拳，主要应用于远距离的对抗中。四拳击打的目标相同，都以对手头部为击打目标。（图 2-43）

左一右一左一右直拳

动作方法： 按照左右、左右的顺序结合步法连续打出四拳直拳。

动作要领： 出拳时要求节奏感强，结合步法动作连贯，四拳打在一个点上。出拳过程保持含胸、收腹，出左拳时右拳收回到下颌位置，出右拳时左拳收回到下颌位置，保护好自己。注意出拳动作的连贯性和步法的协调性，结合髋关节和身体的转动来增加出拳的力量。

教学方法： 讲解示范，原地练习，两人一组结合手靶练习，结合步法练习。

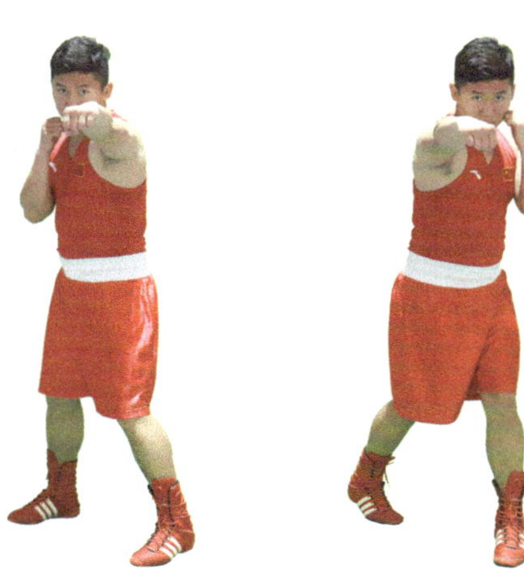

图 2-43　左—右—左—右直拳

2. 左直—右直—左摆—右直拳

左直—右直—左摆—右直拳

左直—右直—左摆—右直拳是将直拳和摆拳按左右顺序结合在一起的四拳组合拳，主要应用于远距离的对抗中。四拳击打的目标相同，都以对手头部为击打目标。（图 2-44）

动作方法：按照左右、左右的顺序结合步法依次打出左右直拳、左摆拳和右直拳。

图 2-44　左直—右直—左摆—右直拳

动作要领：出拳时要求节奏感强，结合步法动作连贯，四拳打在一个点上。出拳过程保持含胸、收腹，出左拳时右拳收回到下颌位置，出右拳时左拳收回到下颌位置，保护好自己。注意出拳动作的连贯性和步法的协调性，结合髋关节和身体的转动来增加出拳的力量。

教学方法：讲解示范，原地练习，两人一组结合手靶练习，结合步法练习。

左直—右直—左上勾—右直拳

3. 左直—右直—左上勾—右直拳

左直—右直—左上勾—右直拳是将直拳和勾拳按左右顺序结合在一起的四拳组合拳，主要应用于中近距离的对抗中。四拳击打的目标不同，直拳以对手头部为击打目标，左勾拳以对手腹部为击打目标。（图2-45）

动作方法：按照左右、左右的顺序结合步法依次打出左右直拳、左勾拳和右直拳。

图2-45 左直—右直—左上勾—右直拳

动作要领：出拳时要求节奏感强，结合步法动作连贯，击打目标准确。出拳过程保持含胸、收腹，出左拳时右拳收回到下颌位置，出右拳时左拳收回到下颌位置，保护好自己。注意出拳动作的连贯性和步法的协调性，结合髋关节和身体的转动来增加出拳的力量。

教学方法：讲解示范，原地练习，两人一组结合手靶练习，结合步法练习。

左直—右上勾—左摆—右直拳

4. 左直—右上勾—左摆—右直拳

左直—右上勾—左摆—右直拳是将直拳、勾拳和摆拳按左右顺序结合在一起的四拳组合拳，主要应用于中近距离的对抗中。四拳击打的目标不同，直拳和摆拳以对手头部为击打目标，勾拳以对手腹部为击打目标。（图2-46）

动作方法：按照左右、左右的顺序结合步法依次打出左直拳、右勾拳、左摆拳和右直拳。

图 2-46　左直—右上勾—左摆—右直拳

动作要领：出拳时要求节奏感强，结合步法动作连贯，击打目标准确。出拳过程保持含胸、收腹，出左拳时右拳收回到下颌位置，出右拳时左拳收回到下颌位置，保护好自己。注意出拳动作的连贯性和步法的协调性，结合髋关节和身体的转动来增加出拳的力量。

教学方法：讲解示范，原地练习，两人一组结合手靶练习，结合步法练习。

5. 左上勾—右直—左摆—右直拳

左上勾—右直—左摆—右直拳

左上勾—右直—左摆—右直拳是将勾拳、直拳和摆拳按左右顺序结合在一起的四拳组合拳，主要应用于中近距离的对抗中。四拳击打的目标不同，直拳和摆拳以对手头部为击打目标，勾拳以对手腹部为击打目标。（图 2-47）

动作方法：按照左右、左右的顺序结合步法依次打出左勾拳、右直拳、左摆拳和右直拳。

图 2-47　左上勾—右直—左摆—右直拳

动作要领：出拳时要求节奏感强，结合步法动作连贯，击打目标准确。出拳过程保持含胸、收腹，出左拳时右拳收回到下颌位置，出右拳时左拳收回到下颌位置，保护好自己。注意出拳动作的连贯性和步法的协调性，结合髋关节和身体的转动来增加出拳的力量。

教学方法：讲解示范，原地练习，两人一组结合手靶练习，结合步法练习。

左摆—右直—左摆—右直拳

6. 左摆—右直—左摆—右直拳

左摆—右直—左摆—右直拳是将直拳和摆拳按左右顺序结合在一起的四拳组合拳，主要应用于远距离的对抗中。四拳击打的目标相同，都以对手头部为击打目标。（图 2–48）

动作方法：按照左右、左右的顺序结合步法依次打出左摆拳、右直拳、左摆拳和右直拳。

图 2–48　左摆—右直—左摆—右直拳

动作要领：出拳时要求节奏感强，结合步法动作连贯，击打目标准确。出拳过程保持含胸、收腹，出左拳时右拳收回到下颌位置，出右拳时左拳收回到下颌位置，保护好自己。注意出拳动作的连贯性和步法的协调性，结合髋关节和身体的转动来增加出拳的力量。

教学方法：讲解示范，原地练习，两人一组结合手靶练习，结合步法练习。

左上勾—右上勾—左摆—右直拳

7. 左上勾—右上勾—左摆—右直拳

左上勾—右上勾—左摆—右直拳是将直拳、勾拳和摆拳按左右顺序结合在一起的四拳组合拳，主要应用于中近距离的对抗中。四拳击打的目标不同，直拳和摆拳以对手头部为击打目标，勾拳以对手腹部为击打目标。（图 2–49）

动作方法：按照左右、左右的顺序结合步法依次打出左勾拳、右勾拳、左摆拳和右直拳。

图 2-49　左上勾—右上勾—左摆—右直拳

动作要领：出拳时要求节奏感强，结合步法动作连贯，击打目标准确。出拳过程保持含胸、收腹，出左拳时右拳收回到下颌位置，出右拳时左拳收回到下颌位置，保护好自己。注意出拳动作的连贯性和步法的协调性，结合髋关节和身体的转动来增加出拳的力量。

教学方法：讲解示范，原地练习，两人一组结合手靶练习，结合步法练习。

（四）组合拳的应用原则及要求

组合拳技术是对单拳技术的扩展和综合应用，同时也是拳击运动中重要的一项技术。在拳击比赛中单拳技术和组合拳技术应用的比例，根据运动员技术特点的不同而表现不同，但总体来说两者之间的使用比例相差不大。组合拳的应用要求运动员具备扎实的单拳技术、步法技术和身体协调能力，尤其要求运动员具备良好的身体协调能力。

组合拳的应用原则一般为左右左右原则，就是左手和右手交替出拳的原则，可以是两拳、三拳、四拳或多拳组合拳，一般先出左手。另外，左手拳也可以做组合拳，但是单拳的组合拳一般只限定于两拳，例如左直拳两拳连击。单拳组合拳超过两拳后，其出拳的速度就会比左右交替出拳的速度慢，同时击打的效果也不如交替出拳。

组合拳要求速度快、节奏感强。所以，在组合拳的应用和训练上，运动员要注重提高身体的协调性及出拳动作的连贯性，这样才能有效提高组合拳的应用效果。

第四节　防守技术

防守技术是指抑制对手进攻或最大限度地防止被对手击打到所使用的技术。防守技术主要有拍击、闪躲、格挡、阻挡、步法、抱头、贴靠等。

在拳击比赛中，不应简单地把防守技术看成躲开或阻挡对手的出拳，而应该把反击技术结合在防守技术中应用，在有效防守后快速使用反击技术。防守的目的不仅仅是躲开对手的进攻，而是为了更加有效地反击，每一个防守动作都能结合各种反击拳法。防守反击中所使用的拳法技术要结合个人和对手的技术特点以及比赛中的实际情况去应用。

一、拍击防守

拍击防守是通过手掌拍击对手的来拳，改变对手出拳的方向，达到防守目的的一种技术。拍击防守主要应用于对直拳的防守，是拳击运动最简单、最有效的防守方法。拍击防守的原则是使用与对手同侧的手来拍击对手的来拳。

（一）左手拍击

左手拍击是使用左手拍击对手右手进攻的防守动作，主要在对手右直拳进攻时应用。（图 2-50）

图 2-50　左手拍击

左手拍击

动作方法：从准备姿势开始，当对手打出右直拳进攻时，我方用左手快速向下拍击对手来拳，改变对手出拳方向。

动作要领： 拍击动作要在对手拳快接近自己时使用，用手腕的力量拍击对手直拳，动作幅度要小，速度要快。拍击力量向下，不要主动前迎拍击，拍击后做好反击准备。

教学方法： 讲解示范，集体练习，两人一组配合练习，结合实战练习。

（二） 右手拍击

右手拍击是使用右手拍击对手左手进攻的防守动作，主要在对手左直拳进攻时应用。（图 2-51）

图 2-51　右手拍击

右手拍击

动作方法： 从准备姿势开始，对手打出左直拳进攻时，我方用右手快速向下拍击对手来拳，改变对手出拳方向。

动作要领： 拍击动作要在对手拳快接近自己时使用，用手腕的力量拍击对手直拳，动作幅度要小，速度要快。拍击力量向下，不要主动前迎拍击，拍击后做好反击准备。

教学方法： 讲解示范，集体练习，两人一组配合练习，结合实战练习。

二、闪躲防守

闪躲防守是一种灵敏的防守技术。熟练的闪躲在拳击防守技术体系中是上乘技术，也是现代拳击运动技术发展的趋势。闪躲防守在拳击运动中运用较多，主要是针对直拳和摆拳的防守技术。闪躲防守如果应用得好，可以使对手暴露出空当，从而有效地进行反击。

（一） 侧闪防守

侧闪防守有左侧闪和右侧闪两种。左侧闪是针对对手前手直拳或后手直拳进攻的防守方法；右侧闪是针对对手前手进攻的防守方法。

左侧闪

1. 左侧闪

左侧闪是躯干和头向身体左侧闪躲的一种防守方法。左侧闪主要在对手使用右直拳进攻时应用。(图 2-52)

动作方法：从准备姿势开始，膝关节弯曲，上身前倾，身体沿纵轴向左前方转体至右肩在前，重心移至左腿，收紧下颌，目视前方；同时，闪躲时两拳自然收到下颌位置。

图 2-52　左侧闪

动作要领：左侧闪时上身向左转体，同时向自己的左前方前倾，含胸、收腹，两拳收到下颌位置，肘关节贴紧身体，眼睛始终注视对手。闪躲的幅度要小，闪躲时紧贴对手的出拳是最理想的状态，幅度太大会影响到防守后的反击，同时重心前移，身体向自己的左前方闪躲。

教学方法：讲解示范，集体练习，两人一组配合练习，结合实战练习。

右侧闪

2. 右侧闪

右侧闪是头和躯干向身体右侧闪躲的一种防守方法。右侧闪主要应用于对手使用左直拳进攻。(图 2-53)

动作方法：从准备姿势开始，闪躲时两拳自然收到下颌位置，身体沿纵轴向右前方转体，同时右膝关节弯曲，重心移至右腿，收紧下颌，目视前方。

动作要领：右侧闪时上身向右转体，同时向自己的右前方前倾，含胸、收腹，两拳收到下颌位置，肘关节贴紧身体，眼睛始终注视对手。闪躲的幅度要小，闪躲时紧贴着对手的出拳是最理想的状态，幅度太大会影响到防守后的反击，同时重心后移至右腿，身体尽量向自己的右前方闪躲。

教学方法：讲解示范，集体练习，两人一组配合练习，结合实战练习。

图 2-53　右侧闪

（二）摇闪防守

摇闪防守主要是针对对手摆拳进攻的一种防守方法，可分为左摇闪和右摇闪两种。左摇闪是对手出右摆拳时采用的防守方法，右摇闪是对手出左摆拳时采用的防守方法。

1. 左摇闪

左摇闪是通过膝关节屈伸达到身体向左闪躲的防守方法，主要应用于对手使用右摆拳进攻。（图 2-54）

图 2-54　左摇闪

左摇闪

动作方法：从准备姿势开始，闪躲时两拳自然收到下颌位置，膝关节弯曲，重心下移后，身体向左上方迅速站起。要求含胸、收腹，收紧下颌，目视前方。

动作要领：左摇闪时主要依靠膝关节的屈伸来完成身体重心的下移和上升，上身保持不动。移动的路线类似于对钩形，身体向左上方移动。闪躲时尽量靠近对手，以便于反击，同时两拳收到下颌位置，眼睛盯住对手。

教学方法：讲解示范，集体练习，两人一组配合练习，结合实战练习。

2. 右摇闪

右摇闪是通过膝关节屈伸达到身体向右闪躲的防守方法，主要在对手使用左摆拳进攻时应用。（图 2-55）

图 2-55　右摇闪

右摇闪

动作方法：从准备姿势开始，闪躲时两拳自然收到下颌位置，膝关节弯曲，重心下移后，身体向右上方迅速站起。要求含胸、收腹，收紧下颌，目视前方。

动作要领：右摇闪时主要依靠膝关节的屈伸来完成身体重心的下移和上升，上身保持不动。移动的路线类似于对钩形，身体向右上方移动。闪躲时尽量靠近对手，以便于反击，同时两拳收到下颌位置，眼睛盯住对手。

教学方法：讲解示范，集体练习，两人一组配合练习，结合实战练习。

（三）下潜防守

下潜防守是利用身体重心下移而躲避对手进攻的一种防守方法，主要应用于对手直拳或摆拳的进攻，具有应用简单、防守速度快的特点。下潜防守是一种被动的防守方式，虽然具有防守迅速的特点，但是下潜防守使用后不利于反击。所以，拳击比赛应以其他防守方式为主，下潜防守为辅。（图 2-56）

动作方法：从准备姿势开始，闪躲时两拳自然收到下颌位置，膝关节弯曲，重心快速下移，上身保持直立，目视。

动作要领：下潜防守是利用身体重心下移的方式来躲避对手的进攻。防守时重心下移要迅速，以膝关节弯曲为主，上身始终保持直立，不要低头。同时，两拳收到下颌位置，两肘关节贴紧身体保护好自己。

教学方法：讲解示范，集体练习，两人一组配合练习，结合实战练习。

下潜防守

图 2-56 下潜防守

（四）后仰防守

后仰防守是利用改变身体位置而躲避对手进攻的一种防守方法，同样具有应用便捷、防守反击快速的特点。后仰防守可应用于直拳和摆拳进攻的防守，但主要还是在对手直拳进攻时应用。(图 2-57)

后仰防守

图 2-57 后仰防守

动作方法：从准备姿势开始，当对手直拳进攻时，我方右膝迅速弯曲，身体重心移至右腿，上身向后仰躲过对手来拳。

动作要领：防守时上身后仰的幅度不宜过大，只要能躲过对手的来拳即可，这样有利于防守后的快速反击。同时，后仰防守时右腿膝关节弯曲，身体重心后移。反击时右脚脚跟抬起，右脚脚掌蹬地，推动身体快速反击。

教学方法：讲解示范，集体练习，两人一组配合练习，结合实战练习。

三、格挡防守

格挡防守是利用拳或前臂挡住或格开对手的来拳，从而取得有利的位置以便反击对手的防守方法，多在摆拳进攻时应用。格挡防守应用便捷、快速有效，应用时需要判断准确、动作敏捷，在对手进攻的拳法打中身体之前，将来拳格开，使其改变方向。格挡使用得当，可给自己创造有利的攻击位置和机会。（图 2–58）

图 2–58　格挡防守

动作方法： 从准备姿势开始，当对手摆拳进攻时，我方用同侧手的前臂向外格开对手来拳，使其没有打到既定目标。

动作要领： 防守时前臂格挡的幅度不要太大，同时上肢肌肉保持紧张，以免对自己造成伤害。格挡的原则是使用同侧的手臂。对手使用左摆拳进攻，我方用右手格挡；对手使用右摆拳进攻，我方用左手格挡。

教学方法： 讲解示范，集体练习，两人一组配合练习，结合实战练习。

左手格挡

右手格挡

四、阻挡防守

阻挡防守是利用身体不易受损的部位，如肩部和肘部，阻挡对手近距离进攻的防守方法。阻挡防守不是理想的防守方法，尤其是遇到力量较大的对手时，身体可能会直接或间接地受到伤害。使用阻挡防守是为了更好地反击对手，而不是消极地单纯阻挡。阻挡防守可以分为肩部阻挡和肘部阻挡。（图 2–59、图 2–60）

动作方法： 从准备姿势开始，当对手直拳攻击头部时，我方左肩上耸紧贴下颌左侧，同时身体稍向右转，用左肩三角肌部位阻挡对手的来拳。当对手右勾拳攻击腹部时，我方身体稍向右转，左肘关节前移贴紧腹部，用肘关节部位阻挡对手的进攻。

动作要领： 肩部阻挡防守常用于对手直拳的进攻，防守时身体须右转，以左肩的三角肌正面阻挡对手的出拳，同时肩关节上耸保护好下颌。肘部阻挡防守常用于对手直拳进攻或近距离勾拳进攻腹部时，防守时两肘关节要夹紧并贴紧腹部，护住腹部，同时身体含胸、收腹。

教学方法：讲解示范，集体练习，两人一组配合练习，结合实战练习。

图 2-59　肩部阻挡

图 2-60　肘部阻挡

左肩部阻挡

左肘部阻挡

右肘部阻挡

五、步法防守

步法防守是通过步法的快速移动避开对手进攻的一种防守方法。在拳击比赛中，步法防守是一项使用较多的技术。运动员在没有做好防守反击准备的情况下，通过步法的灵活移动可以有效地避开对手的进攻。擅长远距离攻击的运动员或擅长防守反击的运动员在比赛中会经常使用步法防守，通过步法控制与对手的合理距离，伺机反击。步法防守多采用侧步和后撤步移动技术，具有移动平稳、启动突然的特点。（图 2-61、图 2-62）

动作方法：从准备姿势开始，当对手出拳进攻时，我方迅速利用后撤步向后移动或者是侧步移动到对手的侧面来避开对手的进攻，然后施以反击。

动作要领：步法防守时反应要快，启动速度要快，移动后迅速做好防守或进攻的准备。移动时尽量向左右移动，绕到对手的外侧，尽量不要向后直线移动，防止对手连续追打。

教学方法：讲解示范，集体练习，两人一组配合练习，结合实战练习。

图 2-61　后撤步防守

图 2-62　侧步防守

后撤步防守

左侧步防守

右侧步防守

六、抱头防守

抱头防守是一种消极的防守方法，在一般比赛中使用抱头防守的情况较少，只有在不得已时才使用，多在近距离的对抗中处于被动劣势或在体力不支的情况下使用。虽然抱头防守时对手击打的拳不容易得点，但是对手的出拳也会给自己造成一定的伤害，所以在比赛中建议运动员尽量减少抱头防守的应用。（图 2-63）

图 2-63　抱头防守

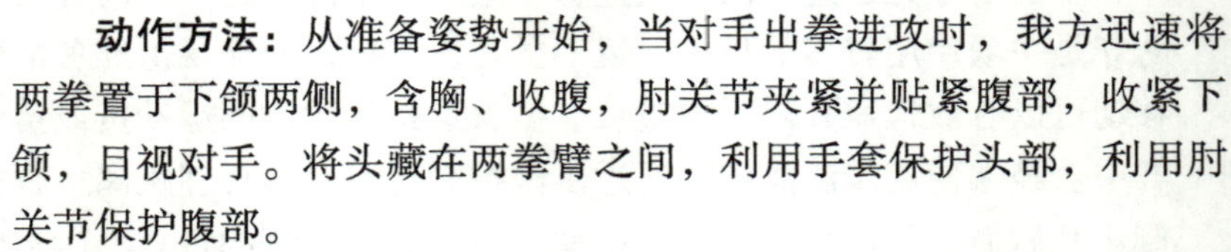

动作方法： 从准备姿势开始，当对手出拳进攻时，我方迅速将两拳置于下颌两侧，含胸、收腹，肘关节夹紧并贴紧腹部，收紧下颌，目视对手。将头藏在两拳臂之间，利用手套保护头部，利用肘关节保护腹部。

动作要领： 抱头防守时两拳防守的高度不要影响自己的视线，虽然是消极防守但还要随时注意对手的动向，以便伺机反击。防守时两拳和肘关节要紧贴自己的身体，避免对手击打时给自己造成损伤。

教学方法： 讲解示范，集体练习，两人一组配合练习，结合实战练习。

七、贴靠防守

贴靠防守是一种被动防守技术，是一种战术行为，是运动员在比赛中合理利用规则的防守。拳击运动是一项对抗性项目，鼓励运动员互相击打对手以取得优势，在比赛中需要双方运动员更多的对抗，而不是去消极地搂抱和贴靠。所以，贴靠防守在比赛中是一项不提倡过多使用的技术。但是在比赛中可以根据战术要求及体能的消耗情况，按照规则要求合理地使用这项防守技术。(图 2-64)

图 2-64　贴靠防守

贴靠防守

动作方法：从准备姿势开始，运动员在近距离对抗时，伺机利用身体贴靠住对手，从而限制对手的出拳。

动作要领：贴靠防守很容易被判罚为搂抱，所以在贴靠防守时尽量两臂张开，不要搂抱对手。同时，贴靠时上身要贴紧对手，不要让对手有出拳的空间。

教学方法：讲解示范，集体练习，两人一组配合练习，结合实战练习。

第五节　反击技术

反击技术是指在拳击比赛中一方运动员针对另一方运动员发动进攻时迅速做出相应的防守行动，并在有效防守基础上进行反击的技术。这种技术可以达到后发制人的效果，是拳击比赛中攻防相互转换的核心技术之一。反击技术不是一项独立的技术，是需要与防守技术紧密配合使用的一项技术。防守技术是反击技术的前提，良好的防守技术是有效反击的保证。

防守反击型打法是一种典型的技术性打法，集速度、反应、判断、技术和战术运用于一体。反击技术和进攻技术一样可以直接得点或击倒对手直接获胜。随着拳击运动员竞技能力水平趋于接近状态，比赛中防守反击技术的使用必须与其他相应的防守技术相配合，使该技术效果达到最大化。

一、单拳反击

单拳反击技术是反击动作以单拳为主的反击技术。单拳反击技术包括结合各种防守动作后的直拳反击、摆拳反击、勾拳反击。

（一） 直拳反击

1. 拍击防守—直拳反击

右手拍击—左直拳反击

（1） 右手拍击—左直拳反击

动作方法：从准备姿势开始，当对手左直拳进攻时，我方用右手拍击对手来拳后迅速以左直拳反击，击打对手头部。（图 2-65）

动作要领：为了保证反击的效果，拍击反击的速度要快，应在拍击的同时用左直拳反击。

教学方法：讲解示范，结合手靶练习，两人一组配合练习，结合实战练习。

图 2-65　右手拍击—左直拳反击

左手拍击—右直拳反击

（2） 左手拍击—右直拳反击

动作方法：从准备姿势开始，当对手右直拳进攻时，我方用左手拍击对手来拳后迅速以右直拳反击，击打对手头部。（图 2-66）

动作要领：为了保证反击的效果，拍击反击的速度要快，应在拍击的同时用右直拳反击。

教学方法：讲解示范，结合手靶练习，两人一组配合练习，结合实战练习。

图 2-66　左手拍击—右直拳反击

2. 侧闪防守—直拳反击

动作方法：从准备姿势开始，当对手左直拳进攻时，我方右侧闪后迅速以右直拳反击，击打对手头部。（图 2-67）

图 2-67　侧闪防守—直拳反击

左侧闪防守—左直拳反击

右侧闪防守—右直拳反击

动作要领：为了保证反击的效果，侧闪后的反击要迅速，闪躲时身体向自己的右前方闪，靠近对手身体，同时在闪躲时右脚可向右前方上一步以缩短反击距离。

教学方法：讲解示范，结合手靶练习，两人一组配合练习，结合实战练习。

3. 摇闪防守—直拳反击

（1）左摇闪防守—左直拳反击

动作方法：从准备姿势开始，当对手右摆拳进攻时，我方左摇闪后迅速以左直拳反击，击打对手头部。（图 2-68）

图 2-68　左摇闪防守—左直拳反击

动作要领：为了保证反击的效果，摇闪后的反击要迅速，应在摇闪防守身体上升的同时以左直拳反击。

教学方法：讲解示范，结合手靶练习，两人一组配合练习，结合实战练习。

右摇闪防守—右直拳反击

（2）右摇闪防守——右直拳反击

动作方法：从准备姿势开始，当对手左摆拳进攻时，我方右摇闪后迅速以右直拳反击，击打对手头部。（图 2-69）

动作要领：为了保证反击的效果，摇闪后的反击要迅速，应在摇闪防守身体上升的同时以右直拳反击。

教学方法：讲解示范，结合手靶练习，两人一组配合练习，结合实战练习。

图 2-69　右摇闪防守—右直拳反击

4. 下潜防守—直拳反击

动作方法： 从准备姿势开始。当对手直拳或摆拳进攻时，我方重心迅速下降。下潜防守后以左直拳或右直拳反击，击打对手头部。（图 2-70）

动作要领： 为了保证反击的效果，下潜防守反击要迅速，应在下潜防守身体上升的同时以直拳反击。

下潜防守—直拳反击

教学方法： 讲解示范，结合手靶练习，两人一组配合练习，结合实战练习。

图 2-70　下潜防守—直拳反击

后仰防守—直拳反击

5. 后仰防守—直拳反击

动作方法：从准备姿势开始，当对手直拳进攻时，我方重心后移。后仰防守后以右直拳反击，击打对手头部。（图 2-71）

动作要领：为了保证反击的效果，后仰的幅度不要过大，防守反击要迅速，防守后以右手反击为主。

教学方法：讲解示范，结合手靶练习，两人一组配合练习，结合实战练习。

图 2-71　后仰防守—直拳反击

格挡防守—直拳反击

6. 格挡防守—直拳反击

动作方法：从准备姿势开始，当对手左摆拳进攻时，我方用右手格挡后，迅速以左直拳反击，击打对手头部。（图 2-72）。

动作要领：为了保证反击的效果，格挡防守的反击要迅速，应在格挡防守的同时以左直拳反击。

教学方法：讲解示范，结合手靶练习，两人一组配合练习，结合实战练习。

阻挡防守—直拳反击

7. 阻挡防守—直拳反击

动作方法：从准备姿势开始，当对手左勾拳进攻时，我方用右肘部阻挡对手击腹进攻后迅速以左直拳反击，击打对手头部。（图 2-73）

动作要领：为了保证反击的效果，阻挡防守的反击要迅速，应在阻挡防守的同时以左直拳反击。

教学方法：讲解示范，结合手靶练习，两人一组配合练习，结合实战练习。

图 2-72 格挡防守—直拳反击

图 2-73 阻挡防守—直拳反击

8. 步法防守—直拳反击（以后撤步防守—右直拳反击为例）

后撤步防守—右直拳反击

动作方法：从准备姿势开始，当对手任意拳进攻时，我方后撤步后以右直拳反击或侧步绕到对手身体外侧后以左直拳或右直拳反击。（图 2-74）

动作要领：为了保证反击的效果，后撤步的幅度不要过大，防守反击要迅速，撤步防守的同时进行反击。

教学方法：讲解示范，结合手靶练习，两人一组配合练习，结合实战练习。

图 2-74 后撤步防守—右直拳反击

（二）摆拳反击

1. 拍击防守—摆拳反击

动作方法：从准备姿势开始，当对手以左直拳进攻时，我方用右手拍击对手来拳后迅速左摆拳反击，击打对手头部。（图 2-75）

图 2-75 拍击防守—摆拳反击

动作要领：为了保证反击的效果，拍击反击的速度要快，应在拍击的同时以左摆拳反击。

教学方法：讲解示范，结合手靶练习，两人一组配合练习，结合实战练习。

左手拍击防守—右摆拳反击

右手拍击防守—左摆拳反击

2. 侧闪防守—摆拳反击

动作方法： 从准备姿势开始，当对手以右直拳进攻时，我方左侧闪后迅速以左摆拳反击，击打对手头部。(图 2-76)

图 2-76　侧闪防守—摆拳反击

动作要领： 为了保证反击的效果，侧闪后的反击要迅速，闪躲时身体向自己的左前方闪，靠近对手身体，同时在闪躲时左脚可向左前方上一步，以缩短反击距离。

教学方法： 讲解示范，结合手靶练习，两人一组配合练习，结合实战练习。

左侧闪防守—左摆拳反击

右侧闪防守—右摆拳反击

3. 摇闪防守—摆拳反击

动作方法： 从准备姿势开始，当对手以右摆拳进攻时，我方左摇闪后迅速以左摆拳反击，击打对手头部。(图 2-77)

动作要领：为了保证反击的效果，摇闪后的反击要迅速，应在摇闪防守身体上升的同时以左摆拳反击。

教学方法：讲解示范，结合手靶练习，两人一组配合练习，结合实战练习。

图 2-77　摇闪防守—摆拳反击

左摇闪防守—左摆拳反击

右摇闪防守—右摆拳反击

右手格挡防守—左摆拳反击

4. 格挡防守—摆拳反击（以右手格挡防守—左摆拳反击为例）

动作方法：从准备姿势开始，当对手以左摆拳进攻时，我方右手格挡后迅速以左摆拳反击，击打对手头部。（图 2-78）。

动作要领：为了保证反击的效果，格挡防守的反击要迅速，应在格挡防守的同时以左摆拳反击。

教学方法：讲解示范，结合手靶练习，两人一组配合练习，结合实战练习。

右肘部阻挡防守—左摆拳反击

5. 阻挡防守—摆拳反击（以右肘部阻挡防守—左摆拳反击为例）

动作方法：当对手以左勾拳击腹进攻时，我方用右肘部阻挡对手击腹进攻后迅速以左摆拳反击，击打其头部。（图 2-79）

动作要领：为了保证反击的效果，阻挡防守的反击要迅速，应在阻挡防守的同时以左摆拳反击。

教学方法：讲解示范，结合手靶练习，两人一组配合练习，结合实战练习。

图 2-78　右手格挡防守—左摆拳反击

图 2-79　右肘部阻挡防守—左摆拳反击

（三）勾拳反击

1. 拍击防守—勾拳反击

动作方法：从准备姿势开始，当对手以左直拳进攻时，我方用右手拍击对手来拳后迅速以左勾拳反击，击打对手腹部。（图 2-80）

动作要领：为了保证反击的效果，拍击反击的速度要快，拍击的时机把握要准，应在拍击的同时以左勾拳反击。

教学方法：讲解示范，结合手靶练习，两人一组配合练习，结合实战练习。

拍击防守—勾拳反击

图 2-80　拍击防守—勾拳反击

2. 侧闪防守—勾拳反击

(1) 左侧闪防守—左勾拳反击

左侧闪防守—左勾拳反击

动作方法： 从准备姿势开始，当对手以右直拳进攻时，我方左侧闪后迅速以左勾拳反击，击打对手腹部。(图 2-81)

动作要领： 为了保证反击的效果，侧闪后的反击要迅速，闪躲时身体向自己的左前方闪，靠近对手身体，同时在闪躲时左脚可向左前方上一步，以缩短反击距离。

教学方法： 讲解示范，结合手靶练习，两人一组配合练习，结合实战练习。

图 2-81　左侧闪防守—左勾拳反击

（2）右侧闪防守—右勾拳反击

动作方法：从准备姿势开始，当对手以左直拳进攻时，我方右侧闪后迅速以右勾拳反击，击打对手腹部。（图 2-82）

动作要领：为了保证反击的效果，侧闪后的反击要迅速，闪躲时身体向自己的右前方闪，靠近对手身体，同时在闪躲时右脚可向右前方上一步，以缩短反击距离。

教学方法：讲解示范，结合手靶练习，两人一组配合练习，结合实战练习。

右侧闪防守—右勾拳反击

图 2-82　右侧闪防守—右勾拳反击

3. 格挡防守—勾拳反击

（1）左手格挡防守—右勾拳反击

动作方法：从准备姿势开始，当对手以右摆拳进攻时，我方左手格挡后迅速以右勾拳反击，击打对手头部或腹部。（图 2-83）

动作要领：为了保证反击的效果，格挡防守的反击要迅速，应在格挡防守的同时右勾拳反击。

教学方法：讲解示范，结合手靶练习，两人一组配合练习，结合实战练习。

左手格挡防守—右勾拳反击

（2）右手格挡防守—左勾拳反击

动作方法：从准备姿势开始，当对手以左摆拳进攻时，我方右手格挡后迅速以左勾拳反击，击打对手头部或腹部。（图 2-84）

动作要领：为了保证反击的效果，格挡防守的反击要迅速，应在格挡防守的同时以左勾拳反击。

教学方法：讲解示范，结合手靶练习，两人一组配合练习，结合实战练习。

右手格挡防守—左勾拳反击

图 2-83　左手格挡防守—右勾拳反击

图 2-84　右手格挡防守—左勾拳反击

4. 阻挡防守—勾拳反击

动作方法： 从准备姿势开始，当对手以左勾拳击腹进攻时，我方用右肘部阻挡对手击腹进攻后迅速以左勾拳反击，击打对手腹部。（图 2-85）

动作要领： 为了保证反击的效果，阻挡防守的反击要迅速，应在阻挡防守的同时以左勾拳反击。

教学方法： 讲解示范，结合手靶练习，两人一组配合练习，结合实战练习。

图 2-85　阻挡防守—勾拳反击

右肘部阻挡防守—左勾拳反击

左肘部阻挡防守—右勾拳反击

二、组合拳反击

（一）两拳组合拳反击

1. 拍击防守—两拳组合拳反击

（1）右手拍击防守—两拳组合拳反击

动作方法：从准备姿势开始，当对手以左直拳进攻时，我方用右手拍击对手来拳后，迅速以左—右直拳、左摆—右直拳或左勾—右直拳反击。

动作要领：为了保证反击的效果，拍击反击的动作要协调、速度要快，应在拍击的同时以组合拳反击。

教学方法：讲解示范，结合手靶练习，两人一组配合练习，结合实战练习。

（2）左手拍击防守—两拳组合拳反击

动作方法：从准备姿势开始，当对手以右直拳进攻时，我方用左手拍击对手来拳后，迅速以右直—左摆拳反击，击打对手头部。

动作要领：为了保证反击的效果，拍击反击的动作要协调、速度要快，应在拍击的同时以组合拳反击。

教学方法： 讲解示范，结合手靶练习，两人一组配合练习，结合实战练习。

2. 侧闪防守—两拳组合拳反击

（1）左侧闪防守—两拳组合拳反击

动作方法： 从准备姿势开始，当对手以右直拳进攻时，我方左侧闪后迅速以左勾—右直拳或左摆—右直拳反击。

动作要领： 为了保证反击的效果，侧闪后的反击要迅速，闪躲时身体向自己的左前方闪，靠近对手身体，同时在闪躲时左脚可向左前方上一步，以缩短反击距离。

教学方法： 讲解示范，结合手靶练习，两人一组配合练习，结合实战练习。

（2）右侧闪防守—两拳组合拳反击

动作方法： 从准备姿势开始，当对手以左直拳进攻时，我方右侧闪后迅速以右直—左摆拳或右直—左勾拳反击。

动作要领： 为了保证反击的效果，侧闪后的反击要迅速，闪躲时身体向自己的右前方闪，靠近对手身体，同时在闪躲时右脚可向右前方上一步，以缩短反击距离。

教学方法： 讲解示范，结合手靶练习，两人一组配合练习，结合实战练习。

3. 摇闪防守—两拳组合拳反击

（1）左摇闪防守—两拳组合拳反击

动作方法： 从准备姿势开始，当对手以右摆拳进攻时，我方左摇闪后迅速以左摆—右直拳或左—右直拳反击，击打对手头部。

动作要领： 为了保证反击的效果，摇闪后的反击要迅速，应在摇闪防守身体上升的同时以组合拳反击。

教学方法： 讲解示范，结合手靶练习，两人一组配合练习，结合实战练习。

（2）右摇闪防守—两拳组合拳反击

动作方法： 从准备姿势开始，当对手以左摆拳进攻时，我方右摇闪后迅速以右直—左摆拳或右直—左勾拳反击。

动作要领： 为了保证反击的效果，摇闪后的反击要迅速，应在摇闪防守身体上升的同时以组合拳反击。

教学方法： 讲解示范，结合手靶练习，两人一组配合练习，结合实战练习。

4. 格挡防守—两拳组合拳反击

（1）左手格挡防守—两拳组合拳反击

动作方法： 从准备姿势开始，当对手以右摆拳进攻时，我方左手格挡防守后迅速以右直—左摆拳或右直—左勾拳反击。

动作要领： 为了保证反击的效果，格挡防守后的反击要迅速，应在格挡防守的同时以组合拳反击。

教学方法： 讲解示范，结合手靶练习，两人一组配合练习，结合实战练习。

（2）右手格挡防守—两拳组合拳反击

动作方法：从准备姿势开始，当对手以左摆拳进攻时，我方右手格挡防守后迅速以左—右直拳或左摆—右直拳反击。

动作要领：为了保证反击的效果，格挡防守后的反击要迅速，应在格挡防守的同时以组合拳反击。

教学方法：讲解示范，结合手靶练习，两人一组配合练习，结合实战练习。

5. 阻挡防守—两拳组合拳反击

（1）左肘部阻挡防守—两拳组合拳反击

动作方法：从准备姿势开始，当对手以右勾拳或直拳击腹进攻时，我方用左肘部阻挡对手进攻后迅速以右直—左摆拳或右—左直拳反击。

动作要领：为了保证反击的效果，阻挡防守的反击要迅速，应在阻挡防守的同时以组合拳反击。

教学方法：讲解示范，结合手靶练习，两人一组配合练习，结合实战练习。

（2）右肘部阻挡防守—两拳组合拳反击

动作方法：从准备姿势开始，当对手以左勾拳或直拳击腹进攻时，我方用右肘部阻挡对手进攻后迅速以左—右直拳或左直—右摆拳反击。

动作要领：为了保证反击的效果，阻挡防守的反击要迅速，应在阻挡防守的同时以组合拳反击。

教学方法：讲解示范，结合手靶练习，两人一组配合练习，结合实战练习。

6. 抱头防守—两拳组合拳反击

动作方法：从准备姿势开始，当对手以任意拳进攻时，我方抱头防守后迅速以左—右直拳、右直—左摆拳、右直—左勾拳或左摆—右直拳反击。

动作要领：抱头防守时眼睛要随时注视着对手，寻找空当，在对手进攻后或暴露出空当时迅速反击。

教学方法：讲解示范，结合手靶练习，两人一组配合练习，结合实战练习。

（二）三拳组合拳反击

1. 拍击防守—三拳组合拳反击

（1）右手拍击防守—三拳组合拳反击

动作方法：从准备姿势开始，当对手以左直拳进攻时，我方用右手拍击对手来拳后，迅速以左—右直—左摆拳反击。

动作要领：为了保证反击的效果，拍击反击的动作要协调、速度要快，应在拍击的同时以组合拳反击。

教学方法：讲解示范，结合手靶练习，两人一组配合练习，结合实战练习。

（2）左手拍击防守—三拳组合拳反击

动作方法：从准备姿势开始，当对手以右直拳进攻时，我方用左手拍击对手来拳后，迅速以右直—左摆—右直拳反击。

动作要领：为了保证反击的效果，拍击反击的动作要协调、速度要快，应在拍击的同时以组合拳反击。

教学方法：讲解示范，结合手靶练习，两人一组配合练习，结合实战练习。

2. 侧闪防守—三拳组合拳反击

(1) 左侧闪防守—三拳组合拳反击

动作方法：从准备姿势开始，当对手以右直拳进攻时，我方左侧闪后迅速以左勾—右直—左摆拳或左摆—右直—左摆拳反击。

动作要领：为了保证反击的效果，侧闪后的反击要迅速，闪躲时身体向自己的左前方闪，靠近对手身体，同时在闪躲时左脚可向左前方上一步，以缩短反击距离。

教学方法：讲解示范，结合手靶练习，两人一组配合练习，结合实战练习。

(2) 右侧闪防守—三拳组合拳反击

动作方法：从准备姿势开始，当对手以左直拳进攻时，我方右侧闪后迅速以右直—左摆—右直拳反击。

动作要领：为了保证反击的效果，侧闪后的反击要迅速，闪躲时身体向自己的右前方闪，靠近对手身体，同时在闪躲时右脚可向右前方上一步，以缩短反击距离。

教学方法：讲解示范，结合手靶练习，两人一组配合练习，结合实战练习。

3. 摇闪防守—三拳组合拳反击

(1) 左摇闪防守—三拳组合拳反击

动作方法：从准备姿势开始，当对手以右摆拳进攻时，我方左摇闪后迅速以左摆—右直—左勾拳或左—右—左直拳反击。

动作要领：为了保证反击的效果，摇闪后的反击要迅速，应在摇闪防守身体上升的同时以组合拳反击。

教学方法：讲解示范，结合手靶练习，两人一组配合练习，结合实战练习。

(2) 右摇闪防守—三拳组合拳反击

动作方法：从准备姿势开始，当对手以左摆拳进攻时，我方右摇闪后迅速以右直—左摆—右直拳反击。

动作要领：为了保证反击的效果，摇闪后的反击要迅速，应在摇闪防守身体上升的同时以组合拳反击。

教学方法：讲解示范，结合手靶练习，两人一组配合练习，结合实战练习。

4. 格挡防守—三拳组合拳反击

(1) 左手格挡防守—三拳组合拳反击

动作方法：从准备姿势开始，当对手以右摆拳进攻时，我方左手格挡防守后迅速以右直—左摆—右直拳反击。

动作要领：为了保证反击的效果，格挡防守后的反击要迅速，应在格挡防守的同时以组合拳反击。

教学方法：讲解示范，结合手靶练习，两人一组配合练习，结合实战练习。

（2）右手格挡防守—三拳组合拳反击

动作方法：从准备姿势开始，当对手以左摆拳进攻时，我方右手格挡防守后迅速以左—右—左直拳反击。

动作要领：为了保证反击的效果，格挡防守后的反击要迅速，应在格挡防守的同时以组合拳反击。

教学方法：讲解示范，结合手靶练习，两人一组配合练习，结合实战练习。

5. 阻挡防守—三拳组合拳反击

（1）左肘部阻挡防守—三拳组合拳反击

动作方法：从准备姿势开始，当对手以右勾拳或直拳击腹进攻时，我方用左肘部阻挡对手进攻后迅速以右直—左摆—右直拳反击。

动作要领：为了保证反击的效果，阻挡防守的反击要迅速，应在阻挡防守的同时以组合拳反击。

教学方法：讲解示范，结合手靶练习，两人一组配合练习，结合实战练习。

（2）右肘部阻挡防守—三拳组合拳反击

动作方法：从准备姿势开始，当对手以左勾拳或直拳击腹进攻时，我方用右肘部阻挡对手进攻后迅速以左—右—左直拳或左—右—左摆拳反击。

动作要领：为了保证反击的效果，阻挡防守的反击要迅速，应在阻挡防守的同时以组合拳反击。

教学方法：讲解示范，结合手靶练习，两人一组配合练习，结合实战练习。

6. 抱头防守—三拳组合拳反击

动作方法：从准备姿势开始，当对手以任意拳进攻时，我方抱头防守后迅速以左—右—左直拳、左—右—左摆拳、左—右—左勾拳、左直—右勾—左摆拳反击。

动作要领：在抱头防守时眼睛要随时注视着对手，寻找空当，在对手进攻后或暴露出空当时迅速反击。

教学方法：讲解示范，结合手靶练习，两人一组配合练习，结合实战练习。

（三）四拳组合拳反击

四拳组合拳的反击是在防守后将四种反击拳法组合在一起的反击技术，四拳组合拳反击同两拳组合拳和三拳组合拳反击一样，都是在对手以各种拳法进攻时我方采取相应的防守技术后运用的反击技术，不同的是四拳组合拳反击比两拳组合拳和三拳组合拳反击难度更大，对动作连贯性及动作速度要求更高，需要运动员具备更好的身体协调性。四拳组合拳反击技术的应用同三拳组合拳反击一样，可以结合拍击、侧闪、摇闪、格挡、阻挡和抱头防守技术来应用。

三、迎击

（一）直拳迎击

1. 左直拳迎击

动作方法：从准备姿势开始，当对手以左直拳进攻时，我方右侧闪的同时以左直拳迎击，击打对手头部或腹部。（图 2–86、图 2–87）

图 2–86　左直拳迎击头部

图 2–87　左直拳迎击腹部

动作要领：以直拳迎击时要注意出拳的时机，出拳太早或太晚都会导致反击失败。在比赛中，运动员需要根据自己的经验，在对手出拳的同时迅速出拳，迎击对手的头部或腹部。在迎击的同时需要结合侧闪动作，避开对手的出拳。

教学方法：讲解示范，结合手靶练习，两人一组配合练习，结合实战练习。

左直拳迎击头部

左直拳迎击腹部

2. 右直拳迎击

动作方法：从准备姿势开始，当对手以右直拳进攻时，我方左侧闪的同时以右直拳迎击，击打对手头部或腹部。（图 2–88、图 2–89）

图 2-88　右直拳迎击头部

图 2-89　右直拳迎击腹部

动作要领：以直拳迎击时要注意出拳的时机，出拳太早或太晚都会导致反击失败。在比赛中，运动员需要根据自己的经验，在对手出拳的同时迅速出拳，迎击对手的头部或腹部。在迎击的同时需要结合侧闪动作，避开对手的出拳。

教学方法：讲解示范，结合手靶练习，两人一组配合练习，结合实战练习。

右直拳迎击头部

右直拳迎击腹部

（二）摆拳迎击

1. 左摆拳迎击

动作方法：从准备姿势开始，当对手以左直拳或摆拳进攻时，我方右侧闪的同时以左摆拳迎击，击打对手头部。（图 2-90）

动作要领：以摆拳迎击时要注意出拳的时机，出拳太早或太晚都会导致反击失败。在比赛中，运动员需要根据自己的经验，在对手出拳的同时迅速出拳，迎击对手的头部。在迎击的同时需要结合侧闪动作，避开对手的出拳。

左摆拳迎击

教学方法：讲解示范，结合手靶练习，两人一组配合练习，结合实战练习。

2. 右摆拳迎击

动作方法：从准备姿势开始，当对手以右直拳或摆拳进攻时，我方左侧闪的同时以右

右摆拳迎击

摆拳迎击，击打对手头部。（图 2–91）

动作要领： 以摆拳迎击时要注意出拳的时机，出拳太早或太晚都会导致反击失败。在比赛中，运动员需要根据自己的经验，在对手出拳的同时迅速出拳，迎击对手的头部。在迎击的同时需要结合侧闪动作，避开对手的出拳。

教学方法： 讲解示范，结合手靶练习，两人一组配合练习，结合实战练习。

图 2–90　左摆拳迎击

图 2–91　右摆拳迎击

（三） 勾拳迎击

1. 左勾拳迎击

动作方法： 从准备姿势开始，当对手以左直拳进攻时，我方右侧闪的同时以左勾拳迎击，击打对手腹部。（图 2–92）

左勾拳迎击

动作要领： 以勾拳迎击时要注意出拳的时机，出拳太早或太晚都会导致反击失败。在比赛中，运动员需要根据自己的经验，在对手出拳的同时迅速出拳，迎击对手的腹部。在迎击的同时需要结合侧闪动作，避开对手的出拳。

教学方法： 讲解示范，结合手靶练习，两人一组配合练习，结合实战练习。

右勾拳迎击

2. 右勾拳迎击

动作方法： 从准备姿势开始，当对手以右直拳进攻时，我方左侧闪的同时以右勾拳迎击，击打对手腹部。（图 2–93）

动作要领： 以勾拳迎击时要注意出拳的时机，出拳太早或太晚都会导致反击失败。在比赛中，运动员需要根据自己的经验，在对手出拳的同时迅速出拳，迎击对手的腹部。在迎击的同时需要结合侧闪动作，避开对手的出拳。

教学方法：讲解示范，结合手靶练习，两人一组配合练习，结合实战练习。

图 2-92　左勾拳迎击

图 2-93　右勾拳迎击

四、二次进攻反击技术

二次进攻反击技术是对对手进行两次进攻的技术，在我方发动一次进攻后对手进行反击，我方迅速进行二次防守反击。二次进攻反击技术是拳击运动常用的技术之一，可分为单拳二次进攻反击和组合拳二次进攻反击。

（一）单拳二次进攻反击

1. 左直拳侧闪二次进攻反击

动作方法：从准备姿势开始，我方以左直拳进攻，对手以右直拳反击，我方迅速左侧闪，并以左摆拳击打对方头部。

动作要领：直拳进攻后注意对手的反击动作，根据对手的反击动作迅速采取相应的防守措施，二次进攻反击的动作要连贯、迅速。

教学方法：讲解示范，结合手靶练习，两人一组配合练习，结合实战练习。

2. 左直拳后撤步二次进攻反击

动作方法：从准备姿势开始，我方以左直拳进攻，对手以右直拳反击，我方后撤步防守，并迅速以右直拳击打对方头部。

动作要领：直拳进攻后注意对手的反击动作，根据对手的反击动作迅速采取相应的防守措施。后撤步的幅度不要太大，以免影响反击速度，同时结合冲刺步进行反击，二次进攻反击的动作要连贯、迅速。

教学方法：讲解示范，结合手靶练习，两人一组配合练习，结合实战练习。

（二） 组合拳二次进攻反击

1. 左—右直拳侧闪二次进攻反击

动作方法：从准备姿势开始，我方以左—右直拳进攻，对手以左直拳反击，我方迅速右侧闪，并以右直—左摆拳击打对方头部。

动作要领：直拳进攻后注意对手的反击动作，根据对手的反击动作迅速采取相应的防守措施，二次进攻反击的动作要连贯、迅速。

教学方法：讲解示范，结合手靶练习，两人一组配合练习，结合实战练习。

2. 左—右直拳后撤步二次进攻反击

动作方法：从准备姿势开始，我方以左—右直拳进攻，对手以右直拳反击，我方后撤步防守，并迅速以左—右直拳反击对方头部。

动作要领：直拳进攻后注意对手的反击动作，根据对手的反击动作迅速采取相应的防守措施。后撤步的幅度不要太大，以免影响反击速度，同时结合冲刺步进行反击，二次进攻反击的动作要连贯、迅速。

教学方法：讲解示范，结合手靶练习，两人一组配合练习，结合实战练习。

第六节　拳击技术教学与训练

一、拳击技术教学原则

拳击技术教学原则就是在技术教学中根据教学任务、学生掌握动作的规律及教学经验总结出来的教学准则。

（一） 从易到难

拳击是一项技术复杂的对抗性运动项目，技术动作包含相对简单的直拳、勾拳、摆拳，也包括相对复杂的两拳组合拳、三拳组合拳及多拳组合拳。拳击运动的拳法虽然只有简单的直拳、勾拳和摆拳三种拳法，但是通过这三种拳法组合在一起的进攻技术及结合防守技术的反击技术则体现出了拳击技术的复杂性。教学过程中要先从简单的动作学起，等学生熟练掌握了简单动作后，再进行相对复杂技术的学习。一般的教学顺序为：握拳法、准备姿势、滑步、直拳、摆拳、勾拳、侧闪、摇闪、下潜、后仰、拍击、迎击。

（二） 从原地到移动

从原地到移动的原则是指在教学过程中先让学生原地练习技术动作，等熟练掌握后再结合步法的移动学习技术动作。在拳击比赛中，双方运动员须通过步法的移动来寻找攻防的时机，步法的移动是有效进攻或防守的基础；而在移动过程中有效的出拳又基于运动员扎实的原地出拳的技术。所以，在教学过程中，要重视掌握原地出拳的技术要领，认真体会动作的技术规范和发力特征，打下坚实的基本技术后再过渡到移动出拳等相关复杂的技术。

（三） 动作分解

动作分解是指在教学过程中把复杂的技术动作分解开进行教学的原则。例如，拳击准备姿势的教学，可以把准备姿势的要求分解为下半身的动作要求和上半身的动作要求两部分进行讲解。这样可以使学生更加清晰地掌握拳击准备姿势的技术要领，分解后的动作要求信息量相对较少，学生能更加清晰地掌握技术动作。

（四） 从个人到配合

从个人到配合的原则是指在教学过程中先进行个人技术动作的学练，熟练掌握后再进行两人配合的技术练习。拳击是两人之间的对抗性运动项目，技术的应用都需要在两人对抗的基础上。所以，学生在掌握了基本技术后，要结合两人配合的形式去体会技术和理解技术，在应用中提高技术水平。

（五） 从徒手到拳套

从徒手到拳套的原则是指在教学过程中先徒手进行技术动作的练习，使学生掌握技术动作的要领，在熟练掌握后让学生佩戴拳套并结合手靶来体会动作的发力及动作的应用。

（六） 从手靶到对练

从手靶到对练的原则是指在教学过程中，在学生掌握基本技术的基础上先进行手靶练习，让学生体会动作的发力，巩固并提高技术水平，然后再进行技术对练或实战，以提高学生技术动作的应用能力。

直拳教学步骤示例

①教师先讲解示范直拳技术动作的方法及要领；
②学生原地练习，体会动作；
③集体练习，个别纠正；
④针对易犯错误及出现较多的问题再次讲解示范；
⑤两人一组练习；
⑥结合步法练习；
⑦结合手靶练习。

二、拳击技术训练

拳击技术训练是使学生学习并掌握完整的拳击技术的训练。拳击技术训练可以让学生形成一定的拳击运动技能。拳击运动员通过技术训练，不断地提高技术运用水平，培养良好的训练与比赛作风，为创造优异的运动成绩打下坚实的基础。

拳击技术训练必须遵循运动技能形成的规律。任何一个动作的掌握，都要经历粗略形成技术阶段、改进提高技术阶段和巩固运用技术阶段。拳击技术训练常用的训练方法有重复训练法、变换训练法、间歇训练法和综合训练法。常用的训练手段有空击、手靶、沙包、跳绳、技术对练和实战。

（一）拳击技术训练原则

1. 一般训练与专项训练相结合原则

一般训练和专项训练在不同的训练阶段，有着不同的训练要求和比例，要根据不同阶段的训练目的、任务，运动员的身体素质和专业训练水平，适当地安排两者的训练比例，使一般训练和专项训练协调发展。围绕提高拳击运动水平这一中心目标，合理安排一般训练与专项训练，使两者有机地结合起来。

2. 系统性原则

在拳击运动员的训练过程中自始至终都要进行不同形式、不同内容的专门训练，而且这些训练既按照一般运动训练原则，又遵循拳击运动特殊规律有顺序、系统地进行。每一个训练时期，都要做到有目的地系统训练，要坚持全年、不间断地训练，使运动员经过训练产生一系列适应性良好变化，通过长期的积累和提高，可逐渐提高运动员的身体适应能力及对拳击的理解和感受能力，从而提高运动员的训练水平。

3. 循序渐进原则

运动员要想取得优异的运动成绩，就必须有坚实的训练基础。而坚实的训练基础，是靠多年艰苦的训练、一点一滴积累起来的。这种积累的过程要遵循一条十分重要的原则，就是循序渐进原则。我们知道一口不能吃成一个胖子，训练也是同样的道理，只有按照一定的规律和方法，一步一个脚印，脚踏实地地向前走，才能逐渐提高竞技能力。拳击训练没有捷径，只有扎扎实实，循序渐进，才能为取得优异的运动成绩创造条件。

4. 周期性原则

周期性原则是指在拳击训练中以循环往复、周而复始、螺旋上升的形式形成不同的周期。在一个训练周期中，训练的内容和要求都不相同，而且是逐步提高的，这样可以使运动员在有计划地提高训练要求的条件下，不断积累训练成果，提高身体素质、技战术水平和实战能力。在训练过程中，训练的内容、方法和手段基本上都是反复运用的，并随着训练的深入不断增加运动负荷，以提高运动员的身体机能水平，逐步提高运动员的专项能力、技战术水平，改善运动员的心理素质，培养运动员的优良品质。当运动员的专项成绩有了一定的提高后，在此基础上进一步提高训练要求，加大训练难度，再一次提高专项成绩。经过这样周期性反复训练和提高，逐渐把运动员的运动能力全部挖掘出来，达到取得最优异运动成绩的目的。

5. 科学化训练原则

现代运动训练正向着科学化方向发展，那些传统、陈旧的训练方式正在逐步改变。科学化训练，即指符合运动员的生理、解剖和心理特征，符合体育科学和运动训练学的基本原理，符合拳击运动专项的基本规律，符合以经济性、实效性和科学性为基本标准的训练原则，以科学化的标准，对运动训练的全过程实施最佳化控制，从而取得最佳训练效果。当前，拳击运动训练和竞技过程有三个基本特征：一是比赛的高度竞争化；二是训练的高度集群化；三是训练的高强度化。拳台上激烈的对抗具有异常的残酷性，瞬间转败为胜的例子屡见不鲜。在比赛中，瞬息万变的各种因素给比赛双方带来沉重的心理压力和精神负担。运动员在经历了艰苦的训练和激烈的比赛后，仍未能达到预期的成绩，往往会感到困惑和苦恼。究其原因，就是缺乏科学化的训练方法，因此，拳击训练应结合科研工作，以科学理论和科学化训练原则为指导，广泛运用现代科技成果，采用科学的训练方法和手段，对运动训练的全过程实施最佳化控制，从而更有成效地提高训练水平和运动成绩。

6. 紧密围绕专项原则

训练量、训练强度和训练时间是训练的基本要素，但是教练员在对这三条要素的把握上要根据运动员的个体差异，合理地安排适合每名运动员的训练量、训练强度和训练时间。在训练中，运动员身体素质达到一定的水平后，训练就要紧密围绕专项素质训练进行。提高运动员的专项素质就可以提高其各种技能水平，进而赢得比赛。所以，教练员在制定训练计划、训练方法和训练手段时都要围绕专项进行、围绕着比赛进行，训练的内容也要符合比赛的特征需求。

（二）拳击技术训练手段

1. 空击训练

空击是拳击训练常用的一种专项训练手段。它是运动员在不佩戴任何护具，独自或两人一组进行徒手练习的一种训练方法。不论是拳击新手还是高水平的拳击运动员，空击训练都是一种必不可少的训练手段。

在训练中，运动员假想自己对面站着一个对手，进行进攻和防守反击的训练，以提高出拳的速度、组合拳的应用能力，以及出拳与步法的协调配合能力。空击出拳的动作组合和动作路线是不固定的，没有一套完整的规定动作，练习时根据自己的意念和想法自由发挥，假想在同对手进行一场比赛。空击训练是有效提高运动员技术水平和身体协调性的手段，既可作为大运动量的训练项目，也可作为调节体能的训练项目。空击训练可以是一个人进行，也可以是两个人进行。一个人练习时可以面对镜子，这样不仅可以训练技术而且还可以检查自己的技术动作是否规范。两人一组进行空击练习，进攻和防守的意识更加直观，更加接近实战状态，有利于增强运动员的实战意识。

手靶训练

2. 手靶训练

手靶训练是拳击运动的重要训练手段，它不仅能够提高运动员的拳击技术和战术水平，而且还可以提高单拳技术击打的正确性、出拳速度、反应速度和维持身体平衡能力，以及提高协调性。拳击手靶训练有固定手靶、活动手靶和实战手靶三种形式。

为了提高运动员出拳的准确性和训练其敏捷的反应能力，在训练中持靶的一方运动员应当有训练目的地持靶，进行一些固定拳法的练习，进行一些变化拳法的练习以提高运动员的反应能力。持靶运动员要让打靶运动员不停地移动，让打靶运动员在不同的方向、不同的距离追打手靶。这对培养运动员在实战中发现对手空当，并及时发起进攻是十分重要的。

沙袋训练

3. 沙袋训练

拳击沙袋，是拳击训练必不可少的重要辅助器材之一。沙袋训练可以提高拳击运动员的速度、耐力和出拳力量，是拳击运动员最理想的训练手段。沙袋是由外用皮革或帆布，内装有沙子或碎布片等填充物制作而成的训练器材。从重量区分，可分为轻型、中型和重型沙袋。从击打沙袋的距离区分，可分为近距离、中距离和远距离。不同的距离击打的拳法不同，近距离时以勾拳击打为主，中距离时以直拳、摆拳击打为主，远距离时以结合步法的直拳和摆拳击打为主。沙袋是固定不动的物体，运动员在击打沙袋时需要结合步法的移动在不同的距离进行击打，可以是以单拳为主的重拳击打，也可以是以组合拳为主的节奏拳击打。不管哪种击打，运动员都要注意击打沙袋的节奏和力度，尤其是组合拳击打，不用每一拳都发力，控制好出拳的节奏，在一组组合拳中最后一拳发力。

跳绳训练

4. 跳绳训练

跳绳训练同样是拳击训练常用的一种专项训练手段。跳绳可以应用在准备活动和专项训练中，可以提高全身的协调性、灵活性和步法移动的能力。跳绳训练的种类有并足跳、高抬腿跳、拳击滑步跳、跑步跳、双摇、放松跳、两脚轮换跳。

5. 技术对练

技术对练

技术对练是在拳击训练中为了提高运动员某一项技术的应用能力而采取的两人配合的训练方法，它是拳击训练常用的手段。技术对练不同于实战，实战需要双方运动员积极的对抗，而技术对练是需要一方运动员配合另外一方运动员的训练，训练的目的性更强，运动员的心理压力更小，可以专注于一项技术的练习，训练的效果也更明显。例如，在进行提高运动员侧闪防守能力的训练中，一方运动员只做直拳进攻，而另外一方运动员则进行侧闪防守反击的练习。这样进攻的运动员可提高进攻的能力，防守的运动员可提高侧闪反击能力。

6. 实战训练

实战训练用来检验运动员的训练效果，也是拳击运动重要的训练内容。运动员在掌握了各种技术后都要应用在实战中，通过实战训练不仅可以检验运动员的训练效果，而且还可以提高技术应用水平及战术能力。拳击运动的主要形式是对抗，训练的主要目的是比赛，所以，运动员技术应用水平以及战术能力的提高需要通过实战训练来实现，在实战中积极总结经验教训、不断提高应用水平、改进技术动作和积累比赛经验。同时，实战训练要紧密结合比赛的要求进行，按照比赛的要求设置回合和时间，运动员要以比赛的心态对待实战，教练员也要按照比赛的标准要求运动员。

思考题

1. 拳击技术的分类体系都包含什么？
2. 拳击技术在训练和比赛中意义有哪些？
3. 拳击防守技术的应用特点是什么？
4. 拳击组合拳有哪几种？组合的原则是什么？
5. 拳击的教学原则和训练原则有哪些？有哪些常用的训练方法？
6. 请问你如何理解防守技术和进攻技术之间的关系？

参考文献

[1]安德烈斯·里姆,迈克尔·克莱曼. 健身拳击训练完全图解教程[M]. 王进,译. 北京:人民邮电出版社,2016.

[2]王德新,樊庆敏. 现代拳击运动教程[M]. 上海:复旦大学出版社,2012.

[3]王德新. 现代男子拳击运动技战术特征研究[D]. 上海:上海体育学院,2010.

[4]张辉. 拳击运动员竞技能力网络结构特征的实证研究[D]. 北京:北京体育大学,2016.

[5]宋兆铭. 拳击出拳技术特征分析及核心区力量训练对出拳技术作用的研究[D]. 北京:北京体育大学,2016.

[6]HATMAKER M,WERNER D. Boxer's book of conditioning & drilling[M]. San diego:Tracks Publishing,2011.

[7]WERNER D,LACHICA A. Fighting fit:boxing workouts,techniques and sparring[M]. Chula Vista:Tracks Publishing,2000.

[8]HATMAKER M,WERNER D. Boxing mastery:advanced technique,tactics and strategies from the sweet science[M]. Chula Vista:Tracks Publishing,2004.

[9]SANDHI R,THOMPSON T. Advanced boxing:training,skills and techniques[M]. Wiltshire:Crowood Press Ltd,2011.

第三章　拳击战术

本章教学提示

1. 基本掌握拳击运动战术的内涵及特点。

2. 基本掌握拳击运动的进攻战术、防守战术和相持战术的应用特点，把握其不同的表现形式，理解其中的内涵。

3. 重点掌握针对不同类型运动员的战术应用特点及战术训练方法。

第一节 拳击战术基本理论

一、拳击战术概述

战术是指在比赛中为战胜对手或为达到期望的比赛结果而采取的计谋和行动。拳击战术是拳击运动员在比赛过程中以取胜为目的，赛前或赛中针对对手打法特征而制定的克敌利己的参赛计谋和合理地及时运用各种技术的原则和方法，是运动员竞技能力整体水平的重要构成部分。

战术在拳击运动中是一项重要的竞技能力，是拳击运动员整体竞技能力水平的重要构成部分，在拳击运动的竞技能力中起到决定性的作用。一名拳击运动员的战术水平主要体现在战术应变能力、战术意识、适应能力、与教练员配合能力和比赛成绩等方面。制定和实施战术的前提是必须充分了解和认识比赛对手的技术水平、战术特点、体能水平和心理等。根据拳击运动的对抗性及进攻和防守的特点，拳击战术可分为进攻战术、防守战术和相持战术。

拳击是两人对抗的竞技项目，针对对手制定比赛战术是赢得比赛的关键。训练是为了提高运动能力，比赛是为了取得胜利，而战术的合理应用是在技术和能力保障的基础上赢得比赛的关键。合理地运用战术不仅可以让自己各方面处于有利的地位，而且还可以制约或限制对手的发挥。随着拳击运动的不断发展，各国运动员之间的技术水平差距逐渐缩小，而根据运动员自身情况制定的战术就显得尤为重要。在双方运动员水平接近的情况下，取胜的关键往往取决于教练员制定的战略战术及运动员自身的应变能力。

二、拳击战术的内涵

拳击战术是根据不同的对手、不同的比赛阶段适时而定的，是把整场比赛、每回合比赛及回合休息间的行动方案和要求综合起来，加以具体实施的过程。拳击战术的内涵包括战术指导思想、战术意识、战术观念、战术知识、战术行为五个要素。

（一）战术指导思想

拳击战术指导思想是指在综合评价自我与对手打法特征及比赛环境等主、客观因素后提出的战术运用的准则。拳击战术指导思想是拳击战术活动的核心内容。拳击战术指导思想的合理与否，直接影响运动员在比赛中技战术水平的发挥。合理的战术指导思想能帮助运动员获得清晰的比赛思路，实施有效的战术行动，为赢得比赛提供战略战术的指导。

针对每次比赛遇到的各种不同打法类型的运动员要及时总结经验教训，把现象上升到理论高度加以认识，以更好地指导比赛，弥补自己不足之处。这对拳击战略战术的指导有着极为重要的意义。

（二）战术意识

拳击战术意识是运动员在拳击比赛中对战术运用规律性的认识，是达到战术目的、决定战术行为的思维活动过程，是运动员技战术水平的综合体现。

拳击战术意识是比赛的灵魂，在实践中包含两层含义：一是在拳击比赛中运动员正确运用战术方法的意识。意识支配行动，行动反映意识，意识具有定向、抉择、反馈、支配等作用。二是在拳击训练中有意带着战术意识进行模拟针对性训练，可以增强运动员的战术思维能力和积累战术运用的经验。因此，拳击战术意识是在平时训练和比赛中逐渐积累与丰富起来的，不仅支配运动员使用正确的技术和战术，而且也直接影响战术行动的效果。所以说，具有良好拳击战术意识的运动员不仅能在比赛中自觉、能动地指导自己根据对手的具体情况和战术意图进行对抗，而且能在复杂的竞赛环境中，及时、准确地观察与判断对手的表现，随机应变，积极应对。战术意识越强，实现战术的可能性就越大。

（三）战术观念

拳击战术观念是指拳击教练员和运动员对战术概念的理解程度、战术运用效果的价值、战术内容的针对性、战术意识的理解性及战术实施过程的保障条件等进行认知和思考后产生的理解。拳击战术观念的形成直接与教练员、运动员及科研人员对拳击项目特征和制胜规律的认知程度、参赛经验、战术知识、思维方式，以及对拳击运动的酷爱程度等密切相关。优秀的拳击教练员、运动员的战术观念对客观、准确分析对手技战术特征、合理制订与实施战术计划和战术内容等一切战术活动有着重要的导向意义。拳击战术观念是战术活动的主观因素，观念的先进与落后直接影响着一切战术活动的成功与否。

（四）战术知识

从广义上讲，拳击战术知识是指在拳击训练、比赛中教练员和运动员可获得经验积累的总和。从狭义上讲，拳击战术知识是拳击战术概念、内涵、分类、实施效果、运用原则、竞赛规则及影响战术的因素等相关的理论知识和在比赛中战术运用知识的总和，有实践性知识和理论性知识两种。

拳击战术知识是掌握和运用具体战术的基础。教练员、运动员制定的战术方案是否合理，运用得是否灵活、机智和有效，往往取决于他们掌握战术知识的广度和深度。

（五）战术行为

拳击战术行为是指在竞赛规则允许的情况下，为达到预定战术目的而采用的进攻技术、防守技术和反击技术的组合拳击战术行为是拳击战术指导思想的外在表现形式。

三、拳击战术分类及特点

根据拳击运动竞赛的特征，比赛中运动员的战术运用水平和方法与不同的对手和不同比赛态势密切相关。在面对同一对手不同时间段的比赛时，运动员使用的战术内容及形式也不尽相同。但基本的战术形式，也有其稳定性和固定的内容。拳击战术依据对抗特点可分为进攻战术、防守战术和相持战术。

（一）进攻战术特点

在拳击运动中，技术水平的高低影响着拳击运动员进攻战术的应用效果，进攻战术的应用也能体现出一名运动员的技术风格和特点。拳击是一项两人互相攻击的对抗性运动项目，其本质就是通过各种拳法去击打对手身体的有效部位而得点。当然，在比赛中对手不可能轻易地暴露自己的空当，双方运动员都需要通过技战术来寻找、制造或引诱对方露出空当，以便完成自己的有效进攻。进攻战术就是利用掌握主动权的机会，通过个人的努力向对手发动主动进攻的战术行动。运动员在比赛中通过技战术寻找、制造进攻机会，引诱对手暴露空当，使自己的进攻拳成为有效得点的手段。这就是进攻战术的具体表现形式。

（二）防守战术特点

拳击不是一项只包含进攻战术的运动，双方运动员在比赛中主动进攻的同时还要时刻准备着防守和反击，这样才能在复杂的比赛场上保持技术上的优势和得点的优势。所以拳击运动是一项进攻中包含防守、防守中又包含进攻的较为复杂的对抗性项目。主动进攻不是唯一的得点方式，进攻可以得点，防守反击同样可以得点。拳击运动的防守战术有两层含义：首先，防守的主要目的是在化解对手进攻的同时进行反击得点；其次，防守是通过防守技术在避开对手进攻的同时消耗对手的体能。防守战术就是运动员根据比赛中对手的技术打法特点，结合自身的战术意识，及时准确地根据场上情况随机应变，迅速而正确地决定自己的打法。在执行防守战术时，运动员需要紧密结合防守战术的两层含义，充分理解防守战术的内涵，这样才能起到良好的效果。

（三）相持战术特点

拳击比赛常会出现当双方运动员技术水平相差不大、实力相当时，双方运动员的进攻都很难有效得点，这时就会出现相持过程。在这一过程中，战术运用是否得当，是比赛中争取主动、避免被动的关键，在高水平的拳击比赛中显得尤为突出。相持战术的关键就是合理的战术运用，在水平相当的拳击比赛中争取主动，使比赛形势向有利于自身的方向发展；战术知识是相持战术运用的基础条件，对战术知识理解的程度影响着相持战术运用的灵活性、机动性和有效性。

在比赛中，战术的使用取决于赛前对对手的了解、教练员的临场指挥能力以及运动员的临场应变能力。拳击运动员的打法一般可以分成五种类型：重拳型、拼打型、进攻型、防反型和全面型。在比赛中运动员要根据对手的不同打法运用不同的战术，不同的能力水平也要用不同的对策。战术是需要训练的，只有通过战术意识的演练和训练，让运动员提高对战术的认识，才能在场上很快地理解教练员的指挥意图并尽快地贯彻实施。作为优秀顶尖的拳击运动员更要进行战术意识的培养和训练，尤其是在大型比赛中要有针对性训练。

第二节　进攻战术

拳击进攻战术是建立在进攻技术基础之上的，运动员使用进攻战术的目的是最大化地利用自己在进攻技术上的优势突破对手的防守，击打对手得分，从而在攻防对抗中占据主动地位，获得更多的优势。进攻战术根据进攻的特点可分为假动作战术、紧逼战术、强攻战术、边角战术、直攻战术、打调结合战术和先攻后防战术等。

一、假动作战术

拳击比赛不但是运动员技术和战术的对抗，还是双方斗智斗勇的过程。高水平运动员能够调动对手而不为对手所调动，真假结合，运用假动作来迷惑对手，在场上争取主动，控制对手。

假动作战术是在实战和比赛中应用最为普遍的一种战术。拳击假动作战术是指运动员在比赛过程中，借用各种假象动作来掩盖自己真实的动作意图，迷惑对手，造成对手视觉和思维上的判断错误，以便获得更多的时间、空间位置的优势。

现代拳击比赛对抗激烈，变化莫测，假动作的运用贯穿于整个比赛之中。做假动作的目的是使对手产生错觉，失去身体平衡或合理的防守位置，出现思想上和动作上的错误，使自己获得更多的进攻机会，争取夺得有效点。假动作战术的主要特点表现在：引诱对手暴露出空当及掩饰自己真实的动作意图。假动作战术是每一位运动员在每一个阶段中都会使用的一项战术，应用频率较高。

二、紧逼战术

紧逼战术是指在比赛过程中，运动员充分利用步法移动、闪躲技术或连续的组合拳进攻，最大限度地发挥自己进攻速度快、击打力量大和动作连贯的优势，迫使对手处于被动防守状态之中，造成其心理上的压力，从而占据比赛场上的主动。紧逼战术应用的主要形式包括拳法技术的紧逼和步法技术的紧逼。

紧逼战术的主要特点表现为强劲的攻击性。在步法移动、各种身体姿势的闪躲、逼近对手的情况下，运用快速、连贯、猛烈的进攻拳法攻击对手，往往使得对手只能防守而失去了反击的能力，达到控制对手、占据主动的目的。紧逼战术一方面给对手的进攻和防守制造了巨大的压力；另一方面使对手在心理层面失去信心，具有很强压迫性。在拳击比赛中，紧逼战术的实施打乱了对手的进攻节奏、意图，具有很强的破坏性。

三、强攻战术

强攻战术是强行发起进攻的战术。强攻战术的主要特点表现在：进攻强劲有力，给对手以重拳的威慑；以我长克敌短，在技术、比赛经验不如对手而力量、速度优于对手时采用强攻战术多行之有效；过硬的心理素质是强攻战术实施的基础。

四、边角战术

边角战术是指在比赛过程中，运动员利用灵活的移动技术把对手围攻到拳台围绳边或拳击台四个角的位置，然后再实施有针对性的进攻战术。边角战术的主要特点表现在：进攻区域明确，以拳台围绳边、四个角作为进攻对手的最佳位置；在拳台围绳边、四个角时进攻节奏加快、进攻次数明显增多。

五、直攻战术

直攻战术是指运动员不使用假动作技术，简单、直接向对手发起进攻的战术。直攻战术的主要特点表现在：在确定自己的技术和专项素质远远优于对手时，毫无顾忌地直接进攻对手；在对手防守出现漏洞时，抓住机会，大胆地直接进攻。

六、打调结合战术

打调结合战术是我国拳击运动在发展过程中提出的，是指运动员在准确把握进攻机会时发起进攻，在对手准备反击前迅速摆脱，打法积极主动，是一种机智灵活的战术。打调结合战术的主要特点表现在：快进快退，不给对手相持进攻的机会；主动灵活，能够很好地把握进攻时机，较好地破坏对手的进攻节奏。

七、先攻后防战术

先攻后防战术也称打攻防战术。在比赛中，针对保守型打法运动员采用的先入为主的打法，在占得点数领先的条件下，转而进入全面防守，拖延时间、保存自己的优势。先攻后防战术的主要特点表现在：果断进攻以先得点为目的，先下手为强，一旦点数领先，快速转入遏制对手强攻的状态，把优势维持到比赛结束；以比赛取胜为目的，不追求比赛技战术发挥的完美性。

第三节　防守战术

防守战术是指在拳击比赛中为了更有效地阻扰、防御和防守对手进攻而组织实施的战术，是建立在防守技术之上的战术。防守战术根据其特点可分为抱头防守战术、贴靠防守战术、距离防守战术、防守反击战术和先防后攻战术。

一、抱头防守战术

抱头防守战术就是指运动员在比赛中利用抱头防守技术达到不失点效果的战术。抱头防守战术的主要特点表现在：防守意识强，手臂和肘关节可以有效保护躯干，不给对手得点的机会；以逸待劳，利用闪躲、手臂的格挡来抵挡对手的进攻，以防守为主，择机打出反击拳。

二、贴靠防守战术

贴靠防守战术是指在拳击比赛中运动员利用躯干主动贴靠对手，以破坏对手进攻距离、节奏、妨碍其技术动作的使用和拖延比赛时间为目的的防守战术。贴靠战术是战术型运动员在比赛中为拖延时间、阻碍对手正常技战术发挥所使用，多为进攻型运动员在得点后使用。贴靠防守战术是运动员进攻后马上贴靠，不给对手反击机会的一种战术；是合理利用规则的一种战术。贴靠防守战术的主要特点表现在：运动员在进攻后主动用躯干贴靠对手，手臂在不接触的情况下环抱住对手手臂，从而压缩对手的反击距离；运用贴靠防守战术时运动员的动作幅度不太大，介于犯规与不犯规动作之间，充分利用规则；在被动防守时主动贴靠对手，从中达到调整和破坏对手进攻节奏的目的。

三、距离防守战术

距离防守战术是指拳击运动员利用步法的移动始终与对手保持一定的距离，用来破解对手突然发起进攻的战术，该类战术往往被步法移动灵活、距离感好的运动员所采用，在战术合理的情况防守效果明显。距离防守战术的主要特点表现为“你进我退”。当对手进攻时，运动员迅速移动到自己的防守距离，避免与对手交手，确保能退能进。运动员通过反复地与对手在距离上周旋，更加有利于反击机会的把握。

四、防守反击战术

防守反击战术是指在拳击比赛中运动员主动防守的一种战术应用，主要目的是利用自身的技术优势来实施反击。防守反击战术的主要特点表现在：对抗中较少地进行主动进攻，多以防守反击为主，通过距离的控制、技术的控制，在对手进攻后抓住时机有效地进行反击，同样达到得点的目的。实施这类战术的运动员一般须具有较强的自信心、较高的技术水平和良好的控制能力。

五、先防后攻战术

先防后攻战术也称打防攻，是典型的欲擒故纵的战术打法，在比赛中避开对手强劲的进攻，先诱敌深入，待对手体力、技术、步法等都相应进入消退期时，突然发起反击的战术。先防后攻战术的主要特点表现在：在形式上表现出积极应战的态势，实质上是以防守为目的，敌进我退、敌退我追，不给对手喘息机会；借用步法移动、身体的各种闪躲及轻拳的不断佯攻，待对手体能消耗过多时迅速发起反击，是以巧取胜的典型战术安排。

第四节　相持战术

拳击相持战术是指运动员在对攻过程中为了阻止对手强大的进攻或故意牵制对手，达到拖延时间的意图而运用的战术。其包括进攻中的对攻战术和防守中的僵持战术两种。两强相遇勇者胜，进攻相持阶段，能最大限度地反映出运动员技能和心理意志品质对抗的能力。在防守相持阶段，运动员积极利用拳法、步法移动和佯攻战术，达到拖延时间或寻找进攻时机的目的，是斗智斗勇的过程，是心智的较量。

一、对攻战术

对攻战术是指在拳击比赛中，为了阻止对手进攻的延续，积极应战，针锋相对，从心理和意志品质方面战胜对手而采用的战术。采用对攻战术的运动员以组合拳进攻为主、身体闪躲防守为辅的方式进行对抗，是运动员技术、体能、心智的较量过程。对攻战术的主要特点表现为：进攻凶猛、速度快、力量大、节奏快、动作连续等；表现出顽强的斗志、气势压倒对手，具有良好的抗击打能力和充沛的体能；采用该战术的运动员技术一般、比赛经验相对较少，是典型的取长补短型打法。

二、僵持战术

僵持战术主要包括两方面的内容：一是采用移动和身体晃动达到不与对手交手的目的，在稳定自己的同时激怒对手，迫使其在冲动情况下盲目进攻，露出破绽；二是为了保存实力或战果，不主动与对手交手，为拖延比赛时间而采用的不对抗不进攻战术。其主要特点表现在：通过移动始终与对手保持非有效击打距离，虽然从表面形式上表现出很强的进攻欲望，移动积极、各种试探性的佯攻不断出现，其实不然，待对手发起进攻时，以退为防；以移动防守为主，偶尔的反击也是出于防守的需要；采用该战术的运动员技术全面，根据场上变化而变化，不给对手任何想象的空间。

第五节　不同类型运动员战术应用特点

一、针对重拳型运动员的战术应用特点

重拳型运动员的特点是擅长近距离的击打，不惧怕，敢于应战。其目的是想在短时间内获胜，因而以最大的力量展开进攻，从而把对手击倒在地。采用这种战术的运动员多半技术不够精湛，但体力较强。这样的运动员，在比赛开始时能得到暂时的优势，但多数不能把优势保持到最后。他们一刻不停地进攻，想让对手无法招架、无法集中注意力进行反击。对付这样对手的基本战术是利用他的进攻使其疲劳的消耗战术，造成其在思想上的急躁，心急拳乱，加上体力消耗，空当自然会多，这时乘机反攻。到最后一个回合时，对手基本已没有力量，暴露的空当也越来越多。所以对付这样的对手，在整个比赛中应注意防守，多利用步法移动，消耗对手的体能，冷静对待；也可以看准时机，以有力的迎击拳进行反击，这样对手就不会再轻易地进攻，从而保证了自己的优势。一旦点数领先对手，运动员应积极采用打调结合的战术打法，不给对手反击的机会，看好对手的重拳；还可以利用规则积极主动贴靠或关键时刻夹住对手的手臂，根据具体情况交替使用一些犯规动作，直至比赛结束，达到战术运用的目的。

二、针对进攻型运动员的战术应用特点

进攻型运动员一般都具有脚步移动快、进攻速度快的特点，以远距离进攻为主。一般来讲，这种对手往往控制不住自己，而是凭借良好的素质和速度快等条件，在进攻时连续不断地出拳，且出拳速度快，密度大，并用这种战术打法来掩盖或弥补其他方面的不足，

比如其体力不好或战术变化少等。在这种情况下，运动员可以结合贴靠技术接近对手，不让对手做出有力的动作，使其很快地疲劳，从而破坏其快速动作。因为在接近、靠上对手时，对手就无法做动作，也就打不出绝对有力的拳。制定战术需要注意，在通过灵活的步法避开对手的进攻后，伺机进攻反击；或利用防守技术针对对手的进攻进行反击；还可以结合迎击技术，既起到防守的作用又实施了进攻；同时，尽量避开对手的直接进攻，以防守反击为主。

三、针对拼打型运动员的战术应用特点

拼打型运动员多见于低水平的比赛中，也常见于在一方比分失利的最后一个回合中。在比赛中运动员采用拼打的战术打法不是一种明智的选择，因为拼打的过程具有盲目性，毫无章法可言，运动员往往凭借自身的重拳连续进攻，这样不仅不容易得点，同时还会消耗较多的体力。针对这种类型的运动员，在制定战术时要注意避免与其直接对抗，不要与其拼打，而是采用步法的移动避开他的进攻，然后伺机反击，待其体能下降时抓住机会进行快速的反击。在比赛中如果实在不能避开他的进攻，可沉着、冷静地采用迎击技术进行反击，给他造成心理压力，使其改变战术打法。

四、针对防守反击型运动员的战术应用特点

防守反击型打法是后发制人的一种战术形式，是一种经验型的打法。在比赛中，运动员在对手进攻后进行相应防守，然后进行反击。该类型运动员的打法特点主要表现为：以试探性的进攻为主、以反击为辅，给对手造成假象；冷静、谨慎，不过多表现迅速取胜的意愿；优秀运动员可以准确无误地判断对手的进攻意图，而后实施快速、有针对性的反击，先闪躲后反击技术常被采用。准确和快速是防守反击型运动员的基础。针对该类型对手，要从实际情况出发，具体情况具体分析，在运用战术时要注意几点要求：以虚代实，避免失去重心，遭对手反击；多以试探性的前手拳进攻，诱其主动进攻，从中寻找破绽实施反击，提高反击成功率，打乱其战术行动计划，使其处于被动，从而赢得比赛的胜利；不主动出击，与对手保持一定的距离；遵循敌进我退的原则，采用打调结合的方式，声东击西，避免让对手抓住自己的进攻特点及规律，让其长无用武之地；基本防守姿势不变，把防守放在第一位，确保不失点，把胜利成果保持到比赛结束。

五、针对全面型运动员的战术应用特点

如果遇到技战术较全面，比赛经验丰富，能掌握各种距离的打法，动作的转变也较灵活的对手就会很麻烦。因为这种对手技术全面，擅于各种距离的打法；拳法组合多变，动作果断而迅速，往往是采取打了就跑或者打了就贴身搂抱的战术。对付这种类型的运动

员，必须从战术上取胜，即不让对手发挥技术上的长处，从体力上消耗他的战斗能力；要从气势上压倒他，使其失去信心；要争取主动权，防止其习惯动作的运用；选择适当的反攻时机，用迎击拳破坏其意图，避开其选择的距离，保持自己动作的绝对优势，选择适当的时机，予以迎头痛击；并且，确保自己的动作干净利落和不留空当。

六、针对高个子运动员的战术应用特点

由于高个子运动员身高、臂长，出拳距离远，力量也较大，擅于左右直拳、远距离得点打法。他的短处在于速度较慢，有效打击面较大。遇到这种类型的对手，一般应以前手假动作进行试探；采用多变的步法，灵活地移动身体，变换距离，使其打不到设定的目标；灵活地运用闪躲，快速接近他，出其不意地进行近距离搏斗，步步紧逼，把其逼近拳击台围绳边或拳击台的角落，采用连击拳攻击他。一般高个子运动员非常忌讳近战，因此在近距离内不让他做出有力的还击动作，然后采取近距离的进攻，连续还击。但是，如果对手故意用回旋式的退让，使我方跟着他在台上绕圈，引诱我方盲目地追赶他，就会使我方体力透支。这时，就应当机立断，改变战术，保持我方的实力，寻找时机对其进行击打，利用我方的优势，争取得点取胜。针对高个子运动员，在运用战术时我方需要注意几点要求：要不断地变换移动的节奏，不给其固定的目标，借其直拳进攻时，逼近他，攻击其腹部或上体；用阻扰的方法，阻止其得到最佳的击打距离；当其进攻时就隐蔽向前推进，迫使其失去平衡，抓住时机进行近距离的攻击；近距离攻击时，要快打快收，避免他的反击。

七、针对矮个子运动员的战术应用特点

一般矮个子运动员在同级别中身体形态属于粗壮型，体力充沛，出拳有力，多数擅长和采用近距离作战，善于利用前冲及有力的勾拳打击对手。他们因姿势低，被攻击的身体面积也较小，所以就不容易被对手的重拳准确、有效地击中。对付这种类型的对手，除采用远距离得点外，还可采用臂部阻挠他接近自己，一旦发现他强攻接近自己时，可利用灵活的步法向两边闪开，或向前移动，用直拳或摆拳迎击他；当发现其要弯腰前冲采取近距离搏斗时，必须迅速向其两旁闪开，或向后移动，用勾拳击打他；同时，要谨防被其逼于拳台角落和围绳边缘处，造成劣势。针对此类型对手，在制定战术时需要注意充分利用自己身高臂长和居高临下的优势，多利用直拳击打或阻挡他的进攻，并可以在远距离的情况下连续发起进攻得点，使其无机会靠近我方，处于被动挨打或在外围寻找机会的境地。针对体力充沛、身体灵活、前冲力大而不怕击打的对手，要注意摆脱、闪躲，以防范对手利用前冲设法靠近自己；一旦对手进攻落空，要抓住时机集中力量，以重拳压住对手，取得优势。

八、针对反架运动员的战术应用特点

反架运动员是右手、右脚在前，左拳是重拳，其攻击的特点就是能有效地使用其擅长的左手打击，正架运动员遇到反架运动员时会不适应。一般来说，反架运动员在比赛中占有特殊的优势。因为采用这种姿势的人较少，平时很少碰到，一旦碰上，由于其动作与别人相反，一时难以适应。另外，从生理上分析，反架运动员的拳速和爆发力较强。对付这种运动员，无论在技术上还是在战术上，都要求有专门的准备。平时训练时可以找反架运动员陪练，以便熟悉反架运动员的技术打法和特点。通常来说，正架运动员总不如反架的前拳有力。因为，反架运动员和正架运动员在左手力量上有明显差异，但在右手力量上则差别不是那么大，所以，一般认为反架运动员是较难对付的。针对反架运动员，平时应多练习右手突然进攻，同时在比赛中还应注意始终占据中距离位置，左手多伸出一点，在其右拳内侧，用来阻止对其右拳和左拳的进攻，并果断地向其右侧移动，避开其后手直拳的进攻，缩小被进攻击打面，扩大反击击打面。一旦相遇，果断使用后手直拳进攻其头部和腹部，在限制其右拳的同时也限制其后手拳的使用机会，从而占据比赛的主动。

第六节　战术训练

一、战术训练的方法

在比赛中，拳击运动员所运用的战术受战术意识支配。在复杂困难的比赛中，战术意识表现为能够准确地掌握不断变化的形势，随机应变，迅速正确地决定自己的行动。战术意识的培养与运动员的思维活动有着密切的关系。一个运动员思维活动的灵活性、预见性和创造性，必然决定他的战术意识水平。战术意识的形成，就是思维活动在执行战术行动中的具体表现。

战术的形成是科学训练的结果，是在拳击运动员身体、技术、心理等条件的基础上，通过实战形成的。拳击运动员的身体训练水平、技术水平、心理状态是战术训练的基础，只有身体训练良好、技术掌握全面熟练，才能充分发挥战术的作用。同样，只有勇敢果断，才能使战术运用具有比较理想的效果，使对手措手不及地受到打击，使自己处于主动地位。在拳击战术训练中常用的方法有以下几种。

（一）虚拟现实训练法

这种训练方法利用电脑、摄像机等设备在比赛前将主要对手的比赛情况进行录像，然后导入电脑后进行技战术及得分特点的分析。根据分析的结果将未来可能出现的比赛场景通过虚拟现实技术来虚拟出来，从而帮助运动员提前有针对性合理地制定战术方案，并进行演练，提高运动员的预见能力及在各种情况下灵活有效地运用战术的能力。

（二） 战术实例分析训练法

战术实例分析训练法是从大型比赛的录像中选择一些具有代表性、能够反映战术特点、应用战术较典型的片段，组织运动员观看，通过教练员的分析、讲解，运动员认真思考、分析，以及对各种战术的应用情况进行总结，加深印象，并且通过训练形成自己战术经验的积累。典型片段的选择可以是战术应用较成功的案例，也可以是战术应用不当导致失败的案例。为使分析全面，应将比赛片段和整场比赛联系起来看，防止孤立、静止地看问题。

（三） 程序训练法

程序训练法是从教学领域引进的一种训练法，是将拳击战术训练按照由易到难、由简到繁、从固定到变化的原则进行训练的方法。这种训练法的目的性及指向性更强。拳击战术训练可采用的训练程序：消极防守技术对练→积极防守技术对练→模拟比赛训练→实战训练。

（四） 模拟训练法

模拟训练法是由教练员或队友模仿不同对手进行的一种针对性专门训练，用以提高运动员的战术适应能力和运用能力。如模拟对手是进攻型或防守反击型，自己则运用能克敌制胜的战术，通过不断地练习来提高自己的战术适应能力和运用能力。

（五） 实战训练法

实战训练法是通过接近比赛要求的实战训练培养运动员战术能力的方法。这种方法可使运动员对战术的理解更为直接、深刻，可以丰富运动员的临场比赛经验，也可根据从严、从难、从实战出发的原则，安排设定特定条件的比赛，如不同体重级别、不同类型的选手等。

二、战术训练的基本要求

树立正确的战术指导思想、培养战术意识、掌握战术知识、灵活运用各种战术四个环节是战术训练的基本内容。其中，树立正确的战术指导思想是四个环节中的基础环节，它直接影响着战术意识和战术行动的发挥。只有在正确的战术指导思想下进行训练，才能建立起良好的战术体系，培养良好的战术意识，提高战术水平。战术训练的基本要求有以下几点：

①平时的训练要注重培养运动员的战术意识，加强专业理论知识的学习与研究，提高运动员对拳击运动现状、发展趋势、技术运用及比赛规律的了解与认识，不断提高技战术的运用能力。

②在加强基本技术训练的前提下，要多练习和多看比赛，并要善于积累经验和总结教训，从比赛的胜利和失败中增长知识，努力培养运动员处理临场各种情况的能力。

③在战术训练中，运动员不仅要全面地掌握战术的使用方法，还要严格按照比赛的要求去训练。战术训练要具有较高的质量。

④在掌握多种战术的基础上，精选几种战术进行进一步的强化，并且要与技术训练结合起来。

⑤战术是在一定的身体条件、技术水平、心理和智能水平基础上形成的，并与比赛规则有着密切联系。战术训练要与身体、技术、心理、智能训练有机地结合起来。在掌握了基本技术后，运动员在进行这项技术的复习时应与战术结合起来练习。

思考题

1. 拳击战术的分类及其内涵？
2. 进攻战术和防守战术的特点是什么？各自包括哪些应用？
3. 针对不同特点对手的战术应用策略是什么？
4. 战术的训练方法有哪些？

参考文献

[1]田麦久. 运动训练学[M].2 版. 北京:高等教育出版社,2017.

[2]王德新,樊庆敏. 现代拳击运动教程[M]. 上海:复旦大学出版社,2012.

[3]王德新. 现代男子拳击运动技战术特征研究[D]. 上海:上海体育学院,2010.

[4] HATMAKER M. Boxer's Book of Conditioning & Drilling [M]. California: Tracks Publishing San Diego,2011.

[5]WERNER D,LACHICA A. Fighting Fit[M]. California:Tracks Publishing San Diego,2000.

[6]HATMAKER M,WERNER D. Boxing Mastery[M]. California:Tracks Publishing San Diego,2004.

[7]SONDHI R,THOMPSON T. Advanced Boxing[M]. Wiltshire:The Crowood Press,2011.

第四章　拳击体能训练

本章教学提示

1. 掌握拳击运动体能特征及构成要素。

2. 熟练掌握发展拳击运动员力量、速度、耐力、灵敏和协调等素质常用的方法和手段，理解这些素质在拳击运动中发挥作用的特征。

3. 能够结合自身体能情况，找出适合自己的训练手段。

4. 理解并掌握拳击动态拉伸及关节养护的意义及方法。

第一节　拳击体能训练基本理论

一、拳击体能训练概述

体能是通过力量、速度、耐力、协调、柔韧、灵敏等运动素质表现出来的人体的基本运动能力，是运动员竞技能力的重要构成因素。体能水平的高低与人体的形态学特征及人体的技能特征有着密切的关系。拳击运动是一项对抗性较强的竞技项目。良好的体能，是承受大负荷训练和高强度比赛的基础，是提高竞技水平和运动成绩的基础，也是预防伤病、延长运动寿命的保证。

按照决定竞技能力的主导因素分类，拳击属于技能主导类格斗对抗性项目，其特点是以技术为主，战术和身体素质在该项目中起决定性的作用。按照运动项目的动作结构分类，拳击属于多元动作结构中变异组合项群。按照运动成绩的评定方法分类，拳击属于制胜类项目。

拳击技术性强、对抗激烈，在比赛中需要双方运动员斗智斗勇，出色地发挥各自的技术水平，以夺取比赛的胜利，其技战术的运用需要在高速对抗、强对抗下完成。因此，一个优秀的拳击运动员不仅需要有良好的速度素质，而且需要具有良好的灵敏、协调素质。每回合 3 分钟的激烈对抗的特点，决定着拳击运动员运动时所需要的供能方式是磷酸原系统和酵解能系统供能为主。磷酸原系统作为极量运动的能源，维持运动的时间为 6 ~ 8 秒。酵解能系统是运动中骨骼肌糖原或者葡萄糖在不利用氧的条件下酵解，生成乳酸并释放能量供肌肉利用的能源系统。在极量运动的开始阶段，该系统即可参与供能，30 ~ 60 秒达到最大，维持时间为 2 ~ 3 分钟。而每场比赛多个回合的对抗，也需要运动员有良好的氧化能系统，它是糖类、脂肪、蛋白质在氧气充分的情况下，氧化分解产生能量的系统。综上所述，三大供能系统在拳击比赛中均有着重要的作用，且三大供能系统并不是独立供能的，这就决定着拳击训练不仅仅需要速度、爆发力的训练，还应该注重耐力的训练。

二、拳击体能的结构及特征

（一）力量素质

拳击规则鼓励强有力的击打，体现出运动员的力与美。在比赛中运动员在相互的攻击与防守过程中，具有多次重复最大用力和爆发用力，且强度大、时间较长的特点。强有力的出拳既可以得分，也会给对手造成强大的心理压力。力量耐力可使每次进攻都能达到较好的攻击效果，是比赛胜利的保障。优秀的拳击运动员既要有出色的爆发力，还要有良好的力量耐力。

在拳击技术动作中，出拳的过程是下肢先发力，躯干的转动和上肢动作几乎同时进行。其主要肢体负荷的重量是下肢负荷身体的重量、躯干负荷的旋转惯量、上肢负荷上肢重量。这三种重量在拳击运动员的运动生涯中是相对不变的，训练的目的是在不增加重量的基础上不断加快动作的速度。

此外，动作运行后击中目标瞬间的冲击力，除与拳击技术结构合理的力学特征有关外，与肢体运行速度和重量的乘积有关，与相关的多组织群瞬间发力对目标产生快速冲击力有关。因此，在正确地掌握技术和保持现有体重的条件下，出拳的速度至关重要。

（二） 速度素质

拳击比赛复杂多变，战机稍纵即逝，这就要求运动员在比赛中不但要有发现战机的能力，而且要有把握战机的能力。准确的判断和快速有力的出拳才能得点、得分。运动员在比赛中利用移动与对手保持一个合适的距离，通过突然的前进、后退和改变方向进攻或防守。快速移动是拳击运动员克敌制胜的关键。

拳击运动制胜规律最重要的就是反应快、出拳快、移动快和变化快。就拳击运动员而言，良好的复杂反应能力和动作速度是至关重要的。

（三） 耐力素质

拳击运动专项耐力的特点是以无氧代谢供能为主，所以要提高拳击运动员的专项耐力水平，主要是发展运动员的无氧代谢能力。

无氧耐力工作是在机体长时间处于供氧不足的状态下进行的。无氧耐力的发展水平主要取决于三个因素：无氧代谢能力是决定无氧耐力的重要因素；能源物质（ATP、CP 和糖原）的储量；肌肉、关节、韧带等支撑运动器官对长时间、高强度工作的承受能力。

（四） 柔韧素质

拳击运动柔韧素质特征体现在项目对运动员肩部、髋部的柔韧性要求较高。在肩部和髋部柔韧性较好的条件下，运动员的灵活性较强，这样就能从不同角度发挥最大的力量去击打对手。脊柱和颈部的柔韧性也非常重要，其柔韧性好，可以有效地抵抗和缓冲直接击打在头部的冲击。此外，拳击运动对运动员踝关节柔韧性要求较高，比赛中灵活的步法有赖于良好的踝关节柔韧性。柔韧性训练是拳击训练中不可忽视的内容，要根据拳击专项的特点来进行针对性的科学训练。

（五） 灵敏素质

拳击运动的每一个动作都不同程度地体现了力量、速度、耐力和柔韧等素质，通过力量特别是爆发力，控制身体的加速或减速；通过速度特别是爆发速度，控制身体移动、闪躲、变换方向的快慢；通过柔韧，保证力量、速度的发挥；通过耐力，保证持久的攻防能力。这些素质的综合运用才能保证动作的流畅和击打效果。

在拳击比赛中，完成闪躲动作是以各项素质为基础的，反应判断的快慢决定相应闪躲动作的快慢，速度力量又决定了反应动作的快慢。离开其他素质和运动技能根本谈不上有灵敏素质，而灵敏素质只有通过熟练的动作才能表现出来，单纯的灵敏素质是不存在的。因此，发展灵敏素质需要结合专项技术来进行，同时兼顾其他各项身体素质的全面发展和提高。

三、拳击体能训练的原则及基本要求

拳击运动的体能训练应侧重于发展有氧和无氧两个供能系统，着重于改善运动员的快速力量、力量耐力、有氧和无氧耐力等。此外，作为拳击运动员还应具备快速的反应能力、较强的抗击打能力。快速力量在拳击运动中至关重要，灵敏素质和反应时间同样不可忽视，特别是出拳和步法移动的速度、出拳和步法的协调配合。一份科学有效的拳击体能训练计划必须着重于发展、改善和提高以上各个方面的能力。

（一）拳击体能训练原则

1. 专项化原则

拳击体能训练的专项化必须对以下两个方面进行考虑。第一，规则的分析和理解。拳击运动的规则在很大程度上反映和表达了该项目的规律性，对拳击规则进行分析、理解和把握可以更为科学地指导专项体能训练的实践。第二，技术动作分析。技术动作的分析主要从以下几个方面着手：技术种类，肌群参与及运动中肌肉收缩类型，技术的固定形式，用力顺序及运动链，供能特征分析。

2. 系统化原则

系统化原则是指在体能训练中，注重体能发展的整体性、阶段性，以及与其他能力协同发展的训练准则。其目的是促进系统内部各要素及内部与外部要素的协调发展，避免失衡。

3. 渐进性原则

循序渐进是体能训练的一个重要原则，它是根据运动条件反射的建立和巩固规律，以及生物机体对负荷刺激的适应性原则而提出来的。有机体在外界条件的刺激下，产生适应的过程是渐进的，是在多次重复的刺激下产生的。因而体能训练使人体的各器官、系统的形态、机能、生理功能等产生适应性变化也绝非一朝一夕之功，而是在长期的锻炼刺激作用下，逐渐产生适应的过程。当然，训练对人体神经肌肉的刺激强度一定要适量，过弱、过小的量不能使人体得到锻炼，而过强、过大的量又会引起人体的不良反应，产生运动性疲劳甚至造成运动性伤害，所以在体能训练的负荷安排上要遵循递增负荷的原则。

4. 个性化原则

个性化原则指的是在拳击体能训练的过程中对不同训练个体要注意区别对待，不能一刀切，因为不同的运动员其个体的训练水平、身体条件、恢复能力、接受能力、自身的优劣势和年龄状况等各方面均存在不同程度的差异性。如果在体能训练中采用统一的训练模式、强度、频率和时间，那么对于不同的运动员机体所产生的负荷刺激也是各异的。同样的训练负荷对有些运动员可能训练效果不显著，而对另外一些运动员可能已经产生疲劳积累，因为不同个体基础水平各异，恢复能力也不同。因此，在体能训练时教练员需要在对运动员的个体情况做出全面了解的基础上进行，打造个性化的体能训练计划，使体能训练更加科学、有效，避免体能训练效率低下、慢性疲劳的积累或意外损伤的发生。

5. 多样性原则

这里的多样性指的是训练手段的多样性，这一原则也是体能训练非常重要的原则。训练要求手段常换常新、多样化，主要考虑到两个方面的因素：一是运动员参与训练的兴趣；二是为了打破训练中机体产生的适应。

（二）拳击体能训练要求

拳击体能训练应合理安排好一般体能训练和专项体能训练。一般体能训练是专项体能训练的基础，可以提高各器官的机能，发展全面素质，改进身体状况，在此之上结合步法、攻防技术等专项体能训练，以更好地适应比赛的体能要求。

拳击体能训练应与技战术、心理和智能训练相结合。体能训练是运动员提高技术水平、战术能力，创造优异成绩的前提。战术训练建立在技术训练基础上，没有良好的运动技术和体能条件，就不可能进行战术训练。在比赛中，机会稍纵即逝，结果也是千变万化，运动员场上一个分神，就会改变一个回合比赛的结果，甚至一场比赛的胜负。平时的体能训练可以给运动员创造类似的比赛场景，使运动员更加地适应比赛。所以，体能训练将运动员的体能和技战术、心理、智能结合就显得尤为重要。

体能训练应常更新内容，提高运动员兴趣。长期单调、枯燥的体能训练不但会让机体产生适应，影响训练效果，而且也会使运动员心生厌烦。因此，体能训练应该随着运动员水平、教练员水平以及拳击运动发展潮流加以变化，让运动员每天都带着满腔热情进行训练。

第二节　拳击体能训练计划制订

一、拳击体能训练计划制订思路

在体能训练计划中，我们应该把每一个训练目标都看成一个专项，根据专项内容，详细分析专项特点，从而制订更合理的训练计划。运动素质需求指导训练计划，动作表现特点指导动作选择，我们需要通过分析运动素质需求和动作表现特点来制订有效的训练计划。

运动素质需求指目标项目对五大运动素质（力量、速度、耐力、灵敏、柔韧）的不同需求程度和主要侧重。比如拳击运动员需要更多的快速力量素质、灵敏素质与协调素质，而不是更大的力量素质与耐力素质。

拳击项目常见的动作有哪些、肢体是如何产生该动作的、这些动作有什么表现特点，这些都是我们制订计划时应该考虑的因素，以此确定我们该如何选择更合适的训练动作。通常，我们从动作模式、肌肉生理适应和动力链特点三个方面去考虑。

（一）动作模式

人体在复杂的运动中使用的动作是有共性的，我们按照一定的标准将其分为上肢推、上肢拉、单腿蹲、双腿蹲、屈髋和旋转六大动作模式。拳击运动的主要动作模式是上肢推、旋转，以及闪躲过程的一些下肢蹲的动作，在训练中需要对其做重点的训练与强化。

（二）肌肉生理适应

肌肉的收缩模式有向心运动、离心运动等，发力模式有加速、减速等，运动幅度有大有小，因此在分析出动作模式之后，还要考虑肌肉的收缩方式。根据拳击项目上肢推的运动模式，我们应该多做加速向心收缩的动作。

（三）动力链特点

人体的每一个动作都有自己独特的含义，同时由于运动模式不同，发力模式也会不同。比如：卧推与俯卧撑，同样属于上肢推的动作，两者都可以用来增强上肢力量，但是卧推属于开链上肢推，俯卧撑属于闭链上肢推，我们应该根据拳击项目动力链特点多进行卧推练习而非俯卧撑练习。

二、拳击体能训练计划制订的内容

了解了项目的需求及动作表现的特点，我们就可以进行训练计划的制订了。训练计划的制订一方面可以保障训练的规律性，另一方面为后期的训练效果评价也提供了明确可依的尺度。在训练之前制订训练计划是为了更行之有据地指导体能训练实践。没有初始状态评估的训练是不科学的、盲目的、缺乏系统性的，只有在初始状态评估的基础上制订规范的训练计划、遵循一定的训练原则并选择有效的训练措施，才能确保体能训练达到预期的效果。制定体能训练计划涉及的具体内容如下：

①初始状态评估（体质状况、优势与弱点、初始水平和个体需求等）。

②训练目标的确定。

③训练模式的选择。

④训练频率的确定。

⑤训练顺序的安排。

⑥训练强度的确定。

⑦训练量的确定（如抗阻练习的组数和次数、有氧练习的强度和持续时间）。

⑧组间间歇时间。

⑨变化因素的考虑（体能训练计划不是一成不变的，要周期性地调节以上各训练要素，使运动员不断获得新异刺激，以打破机体适应，获得训练成效）。

初始状态评估作为制订计划的第一步非常关键，教练员尤其需要做的就是收集运动员体能训练的初始情况及体能训练相关方法等方面的信息，通过体质健康状况的评价和对以上收集的相关信息的分析，为运动员确定体能训练计划的最初目标及计划的制订提供指导。

三、拳击体能训练计划安排示例

（一）准备活动

①动态牵拉（关节灵活度）。

②简单的跑动和空击或者跳绳（提高心率和体温）。

（二）灵敏训练

灵敏训练主要用双人对峙的方法，比如追侧滑，这个方法可以非常有效地训练反应速度、灵敏及预判对手意图的能力。一方主动控制侧滑方向与速度，可以随时变向或做假动作去晃骗对手；另一方在紧跟的同时，揣摩对手意图，预判对手的侧滑方向。

（三）快速力量训练

出拳是一个通过下肢、核心区、上肢等协同快速发力的动作。我们通常会采用跳箱、高翻、快速抛药球等整体快速发力的动作来进行训练。

（四）最大力量训练

拳击作为一个强对抗项目，如果我方的最大力量远弱于对手，即使出拳速度很快，我方的拳头也不会对对手造成威胁，而且在中近距离的贴身对抗时，还会处于被动的状态。

对于最大力量的训练，我们通常采用深蹲、硬拉、引体向上、实力举等多关节协作的经典动作。在选择负荷时，除了没有最大体重限制的重量级运动员都应该去规避一些明显增肌的负荷。

（五） 功能性训练

拳击运动大多是单侧发力和旋转的动作。在功能性训练中通常采用单侧发力和旋转动作模式的训练，比如剪蹲、跪姿推拉、俯卧撑划船、斜杠单臂推、单腿硬拉等。

（六） 核心训练 （躯干力量训练）

出拳是通过下肢蹬伸，然后由核心区传递发力。在做一些高难度的反击动作时，全部的压力都会集中到腰部，而强大的核心稳定性和抗旋能力可减少更多的力量消耗同时避免腰部损伤，因此核心训练常采用抗旋和稳定性训练。常用的训练动作有瑞士球平板支撑、药球支撑摸肩、臀桥、侧桥支撑等。

（七） 养护训练

养护训练通常以颈部和肩部的稳定性训练为主。缺乏稳定性的颈部会在对手重力拳击打后，导致颈椎受伤，因此多进行颈部稳定性训练，可提高运动员的抗击打能力。训练可以采用弹力带各个角度的对抗和颈桥等动作。此外，出拳动作大多都是上臂内旋的动作，而且由于准备姿势的原因，拳击运动员通常都是肩部前侧特别紧，后侧特别松，长此以往会导致肩肱节律失衡和肩袖损伤，所以肩部的养护训练通常会以肩肱节律和肩袖的训练动作为主，比如 I 字形动作、O 字形动作、S 字形动作、擦玻璃动作、招财猫动作等。

（八） 放松

放松通常采用滚泡沫轴以及常规的牵拉等方法。

第三节　力量素质训练

拳击运动员的力量训练大体可分为两大类：一种称为一般力量训练或基础力量训练，采用的训练方法多是抓举、快挺、卧推、蹲跳、击桩、重力转体等，主要发展身体各部位的基础力量，经过系统有效的练习，增强运动员的躯干和四肢的肌肉力量，达到肢体灵巧配合的目的；另一种称为专项力量训练，是指针对专项技术动作，采用阻力快速出拳、重击沙袋、快速击靶、定时换位击靶、模拟实战等直接关联比赛特征的力量训练方法。

一、力量素质的分类

明确力量素质的分类和结构可使训练实践更具针对性，也更有利于提高力量训练的效果。依据力量素质和专项的关系，力量素质可分为一般力量和专项力量；依据力量素质和运动员体重的关系，力量素质可分为绝对力量和相对力量；依据完成不同体育活动所需力量素质的不同特点，力量素质可分为最大力量、快速力量和力量耐力；依据力量在运动中的功能，力量素质可分为稳定性力量和爆发力。

结合拳击运动项目特点，我们将力量素质分为最大力量、快速力量、爆发力和力量耐力。(图 4-1)

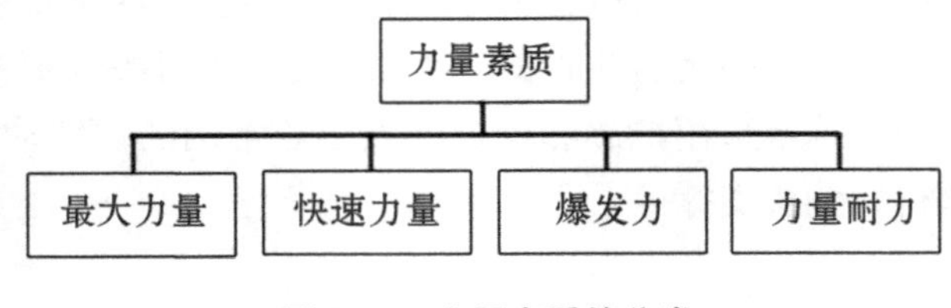

图 4-1　力量素质的分类

最大力量是指肌肉通过最大随意收缩克服阻力时所表现出来的最大力值，在拳击项目中反映的是运动员出拳力量的最大值。快速力量是指肌肉快速发挥力量的能力，是力量与速度的有机结合，在拳击项目中反映的是运动员的出拳速度。爆发力是指张力已经开始增加的肌肉以最快的速度克服阻力的能力，在拳击项目中反映的是运动员出拳击打的最大力度。力量耐力是指肌肉长时间克服阻力的能力，在拳击项目中反映的是运动员连续出拳的持久力。

二、力量素质训练的安排

力量素质训练的要素包括训练的频率、强度、组数、组重复次数及组间间歇等。强度与训练目标直接相关，强度的偏差会导致训练效果的偏移或低下，通常我们在力量训练时要求强度采取百分比的表达方式，例如："发展肌肉耐力采取小于 67% 的强度"这里的 67% 指的是 1 次重复最大力量（1 repetition maximum，1RM）的 67% 的区间，但在实践中具体力量的选择是否准确还有赖于个体 1RM 是否能准确地获得。表 4-1 是不同目标下负荷强度和每组的重复次数。

表 4-1　不同目标下负荷强度和每组的重复次数

训练目标	负荷强度（1RM 的百分比）/%	目标重复次数/次
肌肉耐力	≤67	≥12
肌肉体积	67～85	6～12
肌肉力量	≥85	≤6

不同类型的力量素质在训练时具体要求是各不相同的，明确不同类型的各要素的实施标准可以使训练更具科学性和针对性。表 4-2 是不同类型力量素质在训练时各要素的操控细则。

表 4-2　不同类型力量素质在训练时各要素操控细则

训练要素	最大力量	快速力量	力量耐力	反应力量
强度	75% 左右	30% ～100% 或克服自身体重	25% ～40%	强度较小或克服自身体重
组数	不宜太多	组数不宜过多	不宜太多，视运动员而定	组数相对较多
组重复次数	8～12 次	1～5 次	多次重复至极限	次数类似爆发力，相对较少
组间间歇	2～6 分钟	1～3 分钟或 3～5 分钟（只针对爆发力）	30～90 秒或更多，视持续时间而定	参考爆发力间歇时间
训练频率	2～3 天/次	根据运动员水平、恢复情况、训练所处的具体阶段等而定		
训练持续时间		15～20 分钟	每组不超过 10 分钟	不宜过长
顺序安排	稍靠前	靠最前	可靠后	靠前
其他要求	每周穿插90% ～95% 更大负荷强度的训练	组间间歇时间以完全恢复为原则，爆发力练习以极限或接近极限的速度完成	注重低强度多次重复	动作完成时间短，采取超等长训练法，注重离心收缩向向心收缩的快速转换

三、力量素质训练的内容

（一） 力量素质训练的方法

不同类型力量素质训练的方法不同，在力量训练实践中教练员要根据运动员的训练目标来选择相应的训练方法。此外，即使同一类型的力量素质其训练的方法也不尽相同，这种方法的多样性及同一种训练方法中训练要素的可调节性为打破运动员机体的适应提供了更大的选择空间。表 4-3 是不同类型力量素质的训练方法及要点的简要概括。

表 4-3　不同类型力量素质训练方法及要点

目标力量素质	训练方法	要点
最大力量	大强度法	在训练中逐渐达到用力极限，以后继续用中上强度训练，直到对这种刺激产生劣性的反应为止；负荷强度在85%以上；每组重复1～3次，6～10组；间歇时间3分钟左右。
	极限强度法	要求负荷强度达到极限值，强度接近最大并递增，如同阶梯式，不断提高运动员对强度负荷的适应能力；组重复次数和组数少；组间间歇时间相对要长一些。此方法多用于高水平拳击运动员的力量训练。
	极限次数法	极限次数法的训练强度不大，要求组重复次数达到极限次数，直到做不动为止；该方法主要对促进肌肉肥大、增加肌肉横断面积和肌肉耐力效果显著，对运动系统和心血管系统有深刻的影响。
	静力练习法	可有效提高拳击运动员的最大力量，负荷的强度可略大一些；训练持续时间与负荷强度有直接的关系，负荷强度为40%～50%时持续时间为15～20秒，负荷强度为60%～70%时持续时间为6～10秒，负荷强度为80%～90%时持续时间为4～6秒，负荷强度为95%以上时持续时间为2～3秒；组数不宜太多，间歇时间相对较长。
	变换训练法	该方法的负荷强度、练习重复次数与组数及组间间歇时间等因素均可变化，如金字塔式训练方法：85%×5次+95%×3次+100%×1次的安排。
快速力量	传统快速力量训练法	要求负荷强度变化区间很大，30%～100%均可，也可采用不负重的超等长练习。由于动作速度快，实际负荷强度相当大。负荷的次数和组数以不降低练习速度为准。负荷大则重复次数少；负荷小，则重复次数多，一般重复次数1～5次。间歇时间既要保证运动员完全恢复，也要避免兴奋性明显降低，一般1～3分钟为宜，休息应采用积极性的休息手段。
爆发力	抗阻训练法	爆发力训练的负荷强度应根据需要而定，可以以30%强度负重练习，也可不负重，仅克服自身体重练习。中枢神经系统要保持良好的兴奋状态，应注意并不是练习重复次数与组数越多越好。重复次数与负荷强度关系密切，负荷量大，强度高，重复次数就越少；负荷量小，强度低，重复次数相对就多些，一般以1～5次为宜。组数不宜过多，以不减少每组重复次数、不降低每次练习速度为原则。应用极限或接近极限的速度来完成每一次的重复练习。间歇时间应以保证运动员完全恢复为原则但不宜过长，以避免中枢神经系统兴奋性明显下降。具体间歇时间一般为1～3分钟或3～5分钟，长短与训练量和运动员恢复能力有关，间歇时可做小强度的放松练习，以促进恢复。

续表

目标力量素质	训练方法	要点
力量耐力	循环训练法	负荷强度25%～40%，一般要求多次重复甚至达到极限，具体因负荷强度而异。组数视运动员个人情况而定，一般组数不宜太多；组间间歇时间可以为30～90秒或更多，其取决于练习的持续时间和参加工作肌肉的多少。假如练习时间较短（如20～60秒），并且完成几组练习之后，需要达到疲劳积累的目的，那就应在工作能力尚未完全恢复时，即进行下一组的训练。若用心率控制间歇时间，可在心率恢复到110～120次/分时，进行下一组练习。

（二） 力量素质训练的手段

从训练学的角度讲，力量素质训练的主要手段包括负重抗阻训练、对抗性训练、克服弹性物体的训练、器械训练和克服自身体重的训练等，但并不是任何手段都能够获得较好的效果。作为拳击运动员，技战术的训练是占据主体地位的训练内容，占据了多数时间，但体能训练的地位也不容忽视，因此在相对有限的时间内要获得较好的训练效果，在训练手段的选择上就要讲究科学性。表4-4是各种训练手段的优缺点。

表4-4　四种力量素质训练手段的优缺点比较

优缺点	器械练习	自由力量抗阻练习	徒手练习	对抗练习
优点	稳定、安全系数很高	能够提高神经肌肉的控制能力	能够非常有效地提高神经肌肉的控制能力	与专项极为贴近，是非常有效的专项力量训练手段
缺点	安全、稳定，但对神经肌肉的控制能力影响较小	由于采取自由负重的方式，其安全系数较低	稳定性较差，安全系数相对较低	

（三） 力量素质训练示例

1. 上肢力量训练示例

上肢肌肉群在拳击运动中的力量发挥方面占有重要的地位，主要包括上臂肌、肩带肌、前臂肌，主要练习爆发力和支撑力。运动员在进行上肢力量训练时要重视各部位的力量练习，特别是小肌肉群力量的练习。

（1） 卧推（图4-2）

变化1：窄距俯卧撑。（图4-3）

变化2：单手俯卧撑。（图4-4）

变化3：击掌俯卧撑。

变化4：手脚腾空击掌俯卧撑。

变化5：瑞士球卧推。（图4-5）

图4-2 卧推

图4-3 窄距俯卧撑

图4-4 单手俯卧撑

图 4-5　瑞士球卧推

(2) 正握引体向上

变化 1：宽、窄距正握引体向上。

变化 2：反握引体向上。

(3) 实力举（图 4-6）

变化：哑铃交替上举。(图 4-7)

图 4-6　实力举

图 4-7　哑铃交替上举

(4) 站姿哑铃反握肱二头肌交替弯举（图 4-8）

变化 1：站姿杠铃反握肱二头肌弯举。

变化 2：绳索肱二头肌弯举。

(5) 站姿飞鸟（图 4-9）

变化 1：俯卧飞鸟。(图 4-10)

图 4-8　站姿哑铃反握肱二头肌交替弯举　　图 4-9　站姿飞鸟　　图 4-10　俯卧飞鸟

变化 2：哑铃侧平举。（图 4-11）

变化 3：哑铃前平举。（图 4-12）

变化 4：双手持单壶铃前平举。（图 4-13）

图 4-11　哑铃侧平举

图 4-12　哑铃前平举

图 4-13　双手持单壶铃前平举

（6）俯身哑铃（杠铃）划船（图 4-14）

图 4-14　俯身哑铃划船

变化：俯身哑铃交替划船。（图 4-15）

图 4-15　俯身哑铃交替划船

（7）前平举转杠铃杆（图 4-16）
变化：捏握力器、抓捏杠铃片。（图 4-17）

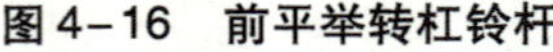
图4-16 前平举转杠铃杆

图4-17 抓捏杠铃片

（8）手持0.5千克或1千克哑铃快速空击（图4-18）

图4-18 手持0.5千克或1千克哑铃快速空击

上肢力量的训练要注意动作速度和爆发力的紧密组合，强调动作的幅度和间歇时间，注意肌肉及韧带的充分收缩和拉长，采用轻重结合、快慢组合的训练方法进行练习。练习后应多做灵活性的放松动作，提高上肢肌群的协调和恢复能力。

2. 躯干力量训练示例

俗话说："练拳不练腰，终究艺不高。"拳击运动员躯干部位的力量训练，坚持以发展爆发力和绝对力量为主，重点发展胸、腰、腹、背肌群的力量。拳击运动员在做上下、左右、前后各个方向的动作时，都要通过腰腹部的力量来控制、调节身体重心，维持身体平衡。躯干力量的强弱直接影响到专项技术动作的质量和运动成效等。躯干动作的练习应强调幅度和速度，并注意采用轻重结合、快慢结合的间歇性训练手段进行训练。只有躯干力量的训练和身体各部位肌肉的训练紧密结合起来，才会收到事半功倍的训练效果。

（1）直腿躬身（good morning）练习（图4-19）

变化：直立前屈体。体前屈角度为20~45度。

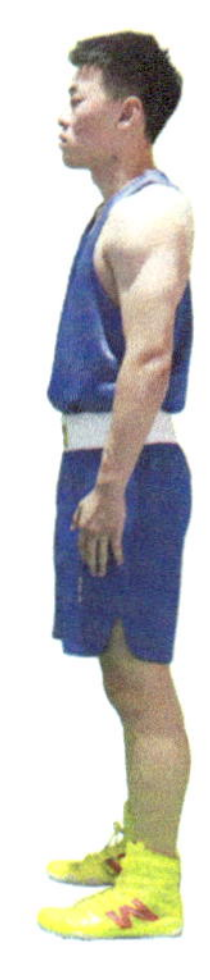

图4-19　直腿躬身（good morning）练习

（2）仰卧起坐（图4-20）

图4-20　仰卧起坐

变化1：仰卧两头起。（图4-21）

变化2：仰卧直腿上举。（图4-22）

变化3：抱杠铃片或药球仰卧起坐。

图 4-21　仰卧两头起

图 4-22　仰卧直腿上举

（3）腹桥（平板支撑）（图 4-23）

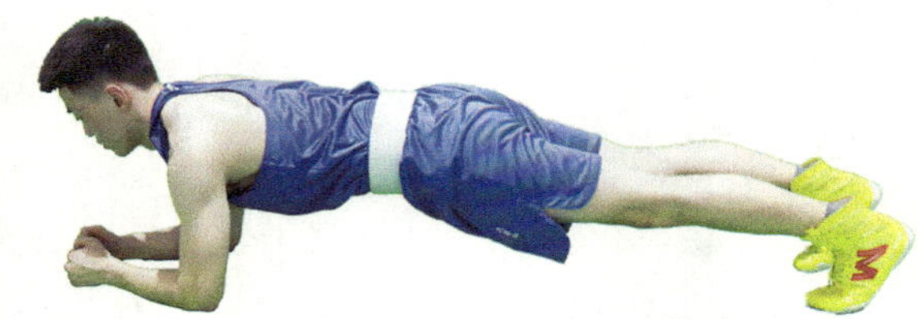

图 4-23　腹桥（平板支撑）

变化 1：三点支撑。（图 4-24）

图 4-24　三点支撑

变化 2：两点支撑。（图 4-25）

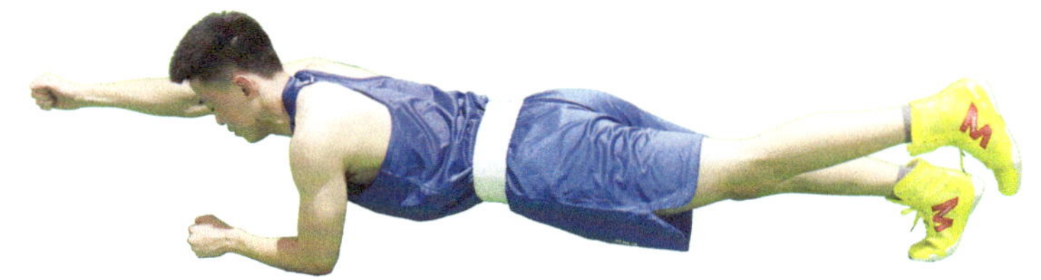

图 4-25　两点支撑

变化 3：手肘变化推起呈腹桥。

变化 4：瑞士球平板支撑推拉。（图 4-26）

图 4-26　瑞士球平板支撑推拉

变化 5：药球双手支撑、药球单手支撑。（图 4-27、图 4-28）

图 4-27　药球双手支撑

图 4-28　药球单手支撑

（4）侧桥支撑（图 4-29）

变化 1：肘膝侧撑。（图 4-30）

图 4-29　侧桥支撑

图 4-30　肘膝侧撑

变化 2：手膝侧撑。（图 4-31）
变化 3：分腿分脚侧撑。（图 4-32）

图 4-31　手膝侧撑

图 4-32　分腿分脚侧撑

（5）臀桥（图 4-33）

图 4-33　臀桥

变化1：双脚（单脚）瑞士球（药球）臀桥。（图4-34、图4-35）

图4-34 双脚瑞士球臀桥

图4-35 单脚瑞士球臀桥

变化2：双膝间套迷你弹力带。

（6）波速球俄罗斯转体（图4-36）

图4-36 波速球俄罗斯转体

（7）瑞士球背起（图 4-37）

图 4-37　瑞士球背起

（8）瑞士球侧屈（图 4-38）

图 4-38　瑞士球侧屈

（9）健腹轮（图 4-39）

图 4-39　健腹轮

（10）俯卧 Y 字形、T 字形、W 字形伸展（图 4-40 至图 4-42）

图 4-40　俯卧 Y 字形伸展　　图 4-41　俯卧 T 字形伸展　　图 4-42　俯卧 W 字形伸展

（11）TRX 悬挂绳训练

TRX 悬挂绳训练

3. 下肢力量训练示例

下肢力量训练既要以超等长练习为主，又要将腿部的柔韧性、灵活性、速度和力量融合好。下肢力量训练主要提高两腿移动转换的突然性、灵活性和稳固性，还要配合好躯干和上肢动作的力量发挥。

（1）深蹲（图 4-43）

变化 1：弹力带深蹲。（图 4-44）

图 4-43　深蹲

图 4-44　弹力带深蹲

变化 2：双脚平衡板深蹲。

变化 3：双脚站波速球上深蹲。

（2）剪蹲（弓箭步）（图 4-45）

变化：负重弓箭步走、训练凳单腿蹲。

图 4-45　剪蹲（弓箭步）

图 4-46　单腿蹲

（3）单腿蹲（图 4-46）

（4）各种跳

收腹抱膝跳、弓步换脚跳、跳绳、单足跳、连续蛙跳。

（5）提踵

变化：踮脚走，可以负重。

4. 全身力量训练示例

（1）高翻

双脚平行开立，距离稍比肩宽，呈下蹲姿势；匀速站起，同时竖直拉起杠铃；快速伸髋站起，同时快速耸肩，屈肘抬起前臂提拉杠铃；当肘部抬至最高且身体完全伸展时，翻肘、翻腕、绕杠铃旋转后身体下蹲约 1/4 蹲位至杠铃下方。（图 4-47）

变化：悬垂高翻（膝上高翻）。

图 4-47　高翻

图 4-47（续）

（2）抓举

两膝弯曲，两手握距约为 2 倍肩宽。背部挺直，下蹲，当杠铃提至膝关节下方，快速伸髋伸膝，同时迅速耸肩，抬肘向上提拉杠铃；当肘部抬高至最高、身体完全伸展时，身体下蹲至杠铃正下方呈半蹲位，同时保持手臂完全伸直支撑杠铃；身体保持稳定后站直；贴近大腿放下杠铃。

变化：哑铃悬垂抓举、哑铃单臂抓举、壶铃单臂抓举。

（3）土耳其起身

起始姿势准备，上身按照右肩、左肩、背、腰的顺序快速挺起离地，以左前臂支撑身体；上身挺起，挺胸直背，左手伸直撑地；右腿及臀部用力，左侧髋向上抬起，左手支撑地面，使身体从头至左脚踝呈一条直线；左腿后移单膝跪地，使左膝踝与左手在一条直线上；身体挺直，身体呈半跪姿；站起呈直立姿势，目视前方；按照顺序回到起始姿势。（图 4-48）

图 4-48 土耳其起身

图 4-48（续）

（4）壶铃摆荡

直立姿势站位，保持背部平直，双膝微曲，向后屈髋，双臂将壶铃甩摆至胯下，同时上身前倾下沉至几乎与地面平行，保持双臂伸直，快速伸髋站直，将壶铃上摆至头部高度。（图 4-49）

图 4-49　壶铃摆荡

战绳训练

变化：过顶甩摆、单臂甩摆、交替甩摆。

（5）战绳训练

第四节　速度素质与灵敏素质训练

速度素质是人体快速运动的能力。速度主要包括反应速度、动作速度和移动速度三种基本类型。

灵敏素质是指在各种突然变换的条件下，运动员能够迅速、准确、协调、灵活地改变身体运动的空间位置和运动方向，以适应变化的外界环境的能力。它是人的活动技能、神经反应和各种身体素质在活动过程中的综合表现。

速度是运动员快速运动的能力；而灵敏性是运动员快速、有效、灵活、变向的身体移动，同时保持身体平衡的能力。速度素质是灵敏素质的基础。速度素质训练所包含的内容较少，且训练手段有很多与灵敏素质训练的相似，因此本部分将速度素质与灵敏素质的训练放在一起来介绍。

一、速度素质的分类

速度包括反应速度、动作速度和移动速度。反应速度指的是个体对外界信号刺激快速反应的能力。动作速度指的是个体快速完成动作的能力，是技术动作中不可或缺的要素，表现为人体完成某一技术动作时的挥摆速度、击打速度、蹬伸速度和踢踹速度；除此之外，还包含在连续完成单个动作时在单位时间里重复次数的多少。移动速度指的是个体快速位移的能力，以单位时间内移动的距离为评定指标。这三种类型的速度素质在拳击运动中所发挥的作用都是不容忽视的。

二、灵敏素质的分类

从运动专项的角度，灵敏可以分为一般灵敏性和专项灵敏性两类。一般灵敏性是指在完成各种复杂动作时表现出来的应变能力。专项灵敏性指根据专项运动所需要的、与专项技术有密切关系的，以及适应变化着的外界环境的能力。

三、速度素质训练的手段

速度素质的训练，首先要明晰速度素质的影响因素，只有在抓住可控因素的条件下，才能够使得速度素质训练更具有针对性和科学性。表 4－5 是三种类型速度素质的影响因素。

表 4-5　不同速度素质的影响因素

速度素质	影响因素
反应速度	感受器的敏感程度、中枢延搁、效应器的兴奋性、条件反射的巩固程度、注意力集中程度。
动作速度	肌纤维百分比组成及其面积、肌肉力量、肌纤维的兴奋性、条件反射的巩固程度、身体形态、注意力集中程度。
移动速度	神经过程的灵活性、快肌纤维百分数及其肥大程度、各中枢间的协调性、身体形态、技术水平。

反应速度训练常用的训练手段有运动员听口令做出相应（事先规定）的动作、变向跑、反口令练习。这里将反应速度的练习分为简单反应速度练习和复杂反应速度练习。

简单反应速度训练常用的训练手段有反复完成蹲踞式起跑、根据特定信号改变动作方向、对已知对手的运动动作做出不同的反应动作、将视觉接受的刺激变换成触觉或者听觉接触。

复杂反应速度训练常用的训练手段是在拳击技术训练时安排一对二的训练，进行观察对手姿态、面部表情、眼神、准备动作的练习。

动作速度训练常用的训练手段有快速高抬腿跑、固定距离折返跑、快速跳绳、原地或行进间快速小步跑等；除此之外，还可以进行蹬地转髋、坐姿出拳的分解技术训练法；在顺、逆风情况下室外进行加难减阻训练及缩小比赛场地的变换训练。

移动速度是一种综合运动能力。移动速度的快慢不仅与动作技术水平有关，而且与力量、柔韧、速度耐力有着十分密切的联系。移动速度训练常用的训练手段有短距离冲刺跑、10～15 米折返跑、快速后退跑、前脚掌着地慢跑或跳绳，还有快慢交替的变速跑、上下坡跑、推雪橇、阻力伞等。

拍肩转身击打手靶

根据拳击项目的特点，拳击专项速度素质训练常用的训练手段有以下几种。

①拍肩转身击打手靶。（图 4-50）

②隐藏式击打手靶。（图 4-51）

图 4-50　拍肩转身击打手靶

图 4-51　隐藏式击打手靶

③仰卧起立击打手靶。（图 4－52）

仰卧起立击打手靶

图 4－52　仰卧起立击打手靶

④仰卧起坐击打手靶。（图 4－53）
⑤击打梨形球。

仰卧起坐击打手靶

击打梨形球

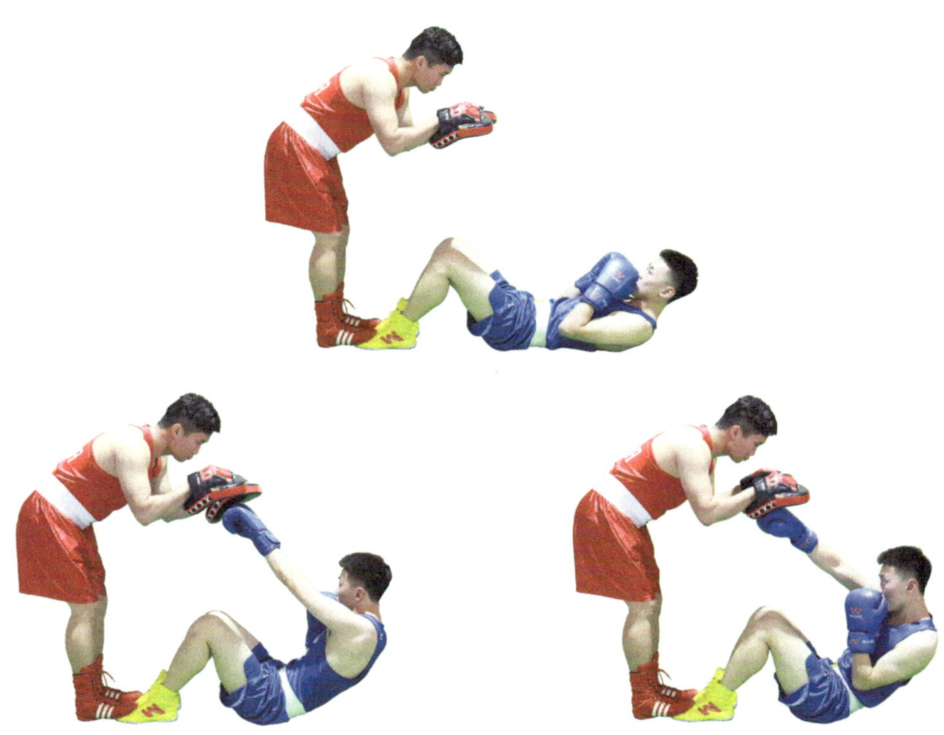

图 4-53　仰卧起坐击打手靶

四、灵敏素质训练的手段

（一）闭式灵敏素质训练的手段

闭式灵敏素质训练又称程序化灵敏素质训练，指在预先设计好的计划中、可预知的环境下进行灵敏素质训练。

闭式灵敏素质训练可在较快的速度下进行，但在最开始的训练过程中，必须控制好练习速度。例如，围绕 Z 形、T 形加速变向跑，这些练习都是按照预先设定好的路线来改变运动的方向。

1. 变换训练法

变换训练法是指通过变化动作的方向、角度、姿势等形式来发展灵敏性。例如，为提高拳击运动员灵敏性，正架的运动员换用反架练习，但是练习时间不能过长、次数不能过多，练习时间和休息时间的比例可为 1∶3。

2. 绳梯训练法（图 4-54）

绳梯训练法

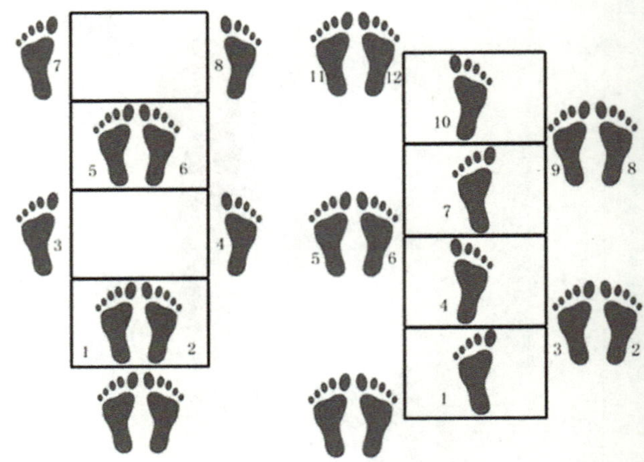

图 4-54　绳梯训练法

3. 标志物训练法

（1）十字变向跑

听到开始的信号后，运动员按照箭头所示的方向尽快跑完全程，跑进中不可触及障碍物。跑动路线见图 4-55。

（2）双脚象限跳

运动员从起点开始，听到信号后迅速以双脚并跳的形式，依次跳入 A、B、C、D“象限”。在练习的过程中跳动的路线可以发生变化，或者运动员根据指挥者指定的区域进行无规律移动，打破练习中较长时间按照既定顺序带来的适应性，以更有效地发展运动员的灵敏素质。（图 4-56）

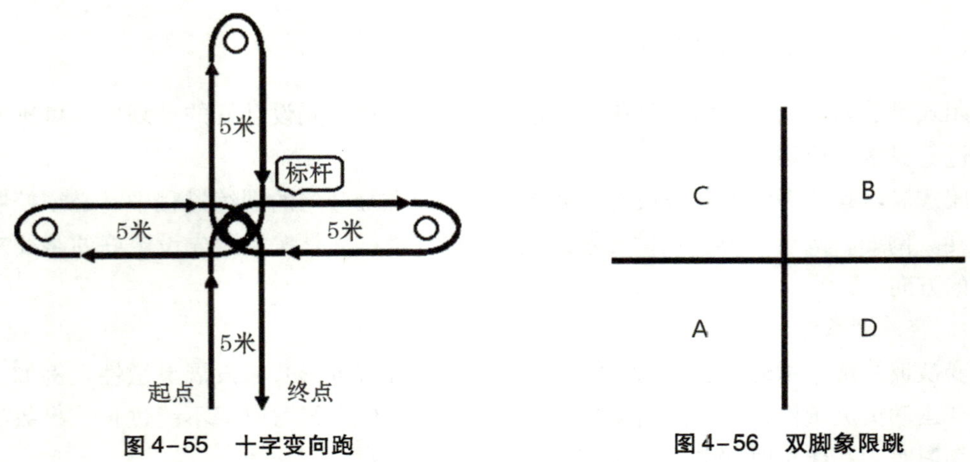

图 4-55　十字变向跑　　图 4-56　双脚象限跳

(3) 伊利诺斯跑

伊利诺斯跑对直线冲刺和改变方向时使用的技术和速度进行评估，有助于评估运动员的急停和变向能力。运动员从 A 处标志筒出发，加速绕过 B 处标志筒后返回到 1 处的标志筒，然后依次按指定方式绕过 2、3、4 标志筒后返回 1 处的标志筒，之后再加速绕过 C 处标志筒到达终点 D 处的标志筒。(图 4-57)

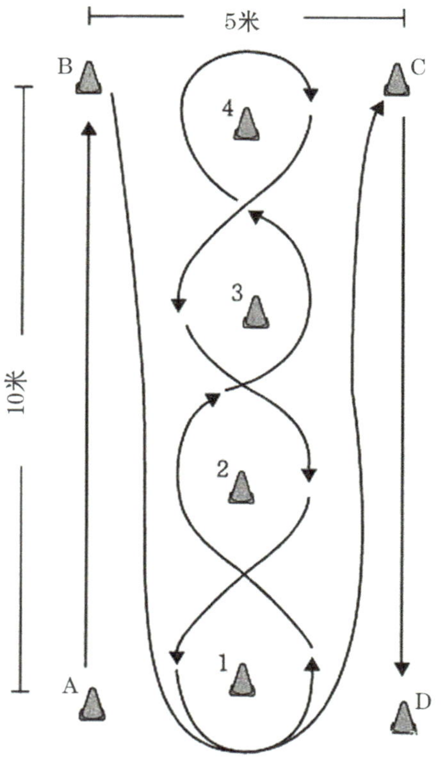

图 4-57　伊利诺斯跑

(4) T 字形跑

运动员由 A 出发跑向 B，向左横向滑步跑向 C，然后向右横向滑步经过 B 跑向 D，再向左横向滑步回到 B，最后后退跑回 A。(图 4-58)

(5) 六边形跳

运动员从中心 O 点开始，按照顺序依次跳出跳进各条边线。(图 4-59)

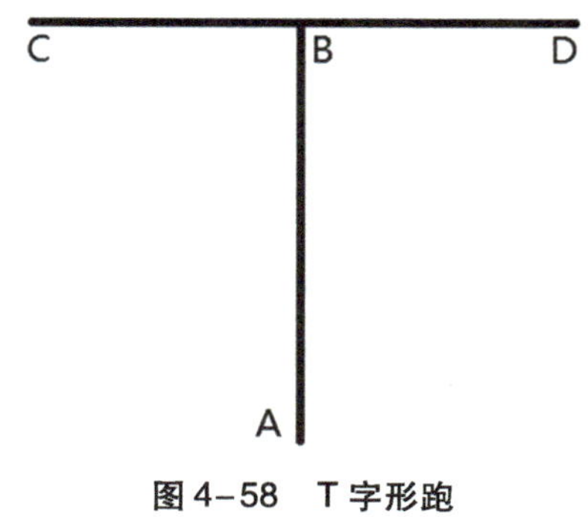

图 4-58　T 字形跑

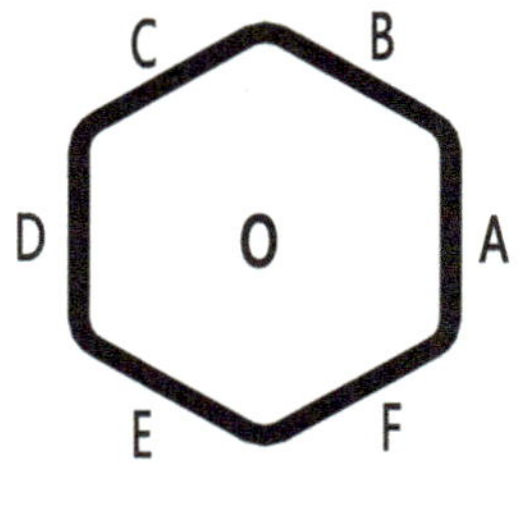

图 4-59　六边形跳

(二) 开式灵敏素质训练的手段

开式灵敏素质训练又称随机灵敏素质训练，是指没有预先设计好的程序或在随机变化的环境下进行的训练。

开式灵敏素质训练更符合拳击项目的专项需求，是灵敏素质训练中重要的，也是难掌握的训练方法。运动员必须完成未知的运动形式和要求，教练员往往辅以视觉和听觉信号，使运动员根据不同信号做出瞬间的判断，使运动技术水平更接近实战背景。主要的训练方法有以下几种。

1. 闪躲、追逐、变向类

①运动员两人用一根绳子拴住，然后进行闪躲练习。

②绕标志筒侧滑步追逐跑。

③两人绕标志筒进行弧线追逐跑。

2. 抛接球类

①两人一组，一人两手各持网球，随机让一个网球下落，另一人需要在网球落地之前接住。

②两人一组，一人将六角球抛向另一人，另一人需要判断球弹起方向并迅速抓住来球。

3. 信号灯训练类

①设定好信号灯指示方向（比如米字的八个方向），在信号灯指示箭头亮后，运动员跑向指示方向。

②当信号灯亮时，运动员快速、准确地打出预先设计好的出拳类型。例如，红灯亮时，运动员出直拳。

五、速度素质训练应注意的问题

（一） 反应速度训练应注意的问题

运动员首先明确信号的含义，在既定信号发出后进行练习，信号的含义不可以一成不变，要常变常换，避免产生适应；训练时间宜选择在运动员体力比较充沛的时期，不宜在疲劳时期进行；练习前要求运动员做好热身，练习中要求运动员注意力集中。

（二） 动作速度训练应注意的问题

训练的持续时间适宜，不可太长，让运动员的兴奋性保持在较高水平；训练的间歇时间不宜过长，以免降低运动员的神经兴奋性；合理地变换运动的速度，高速低速结合起来进行。

（三） 移动速度训练应注意的问题

要求运动员不要过于慌张，控制好身体的平衡；加强踝关节的力量，预防运动损伤；同时训练前要充分热身，尤其跟腱部位要做好充分的拉伸。

六、灵敏素质训练应注意的问题

（一） 采取多种训练方法

灵敏素质的发展与各种分析器和运动器官功能的改善有密切的关系。单一练习重复使用很容易达到自动化的程度，此时这一动作在发展灵敏素质上意义就不大了。因此，在进行灵敏素质训练时，所采取的方法要注意具有多变性，这样不仅可以提高训练效果，还可以避免枯燥，提高运动员的训练积极性。

（二）全面发展，综合提高

灵敏素质的发展应该与各项素质的发展结合在一起，同时灵敏素质的发展还要与具体的技术动作相结合在一起，因为不同运动项目对灵敏素质的要求是不同的。

（三）适宜负荷

灵敏素质的练习时间不宜过长，重复次数不宜过多。在练习过程中应有足够的间歇时间，但休息时间又不可过长，既不要使机体过于疲劳，又不要使中枢神经系统的兴奋性下降，影响灵敏素质的发展。一般练习的时间为 1 分钟，休息时间应该在 3 分钟左右。

第五节 耐力素质训练

耐力素质是指机体坚持长时间运动的能力，也称为抗疲劳能力。拳击运动对耐力素质的要求非常高，在一定程度上耐力素质的强弱往往成为一场比赛的制胜因素。根据拳击项目的特点，按照能量供应的标准将拳击耐力素质分为有氧耐力和无氧耐力两种。有氧耐力，是指机体在有氧供能情况下，能坚持长时间运动的能力。有氧耐力训练的目的在于提高运动员机体摄取氧气、运输氧气和利用氧气的能力，促进有机体的新陈代谢。无氧耐力又叫速度耐力，是指机体在无氧供能的状态下坚持长时间工作的能力。无氧耐力的供能系统又可以划分为磷酸原系统供能和酵解能系统供能两种形式。拳击运动专项耐力的特点是以无氧供能为主，所以要提高拳击运动员的专项耐力水平，主要是发展运动员的无氧代谢能力。

一、耐力素质的影响因素

耐力素质取决于运动员有氧供能的能力、体内能源物质的储存、支撑运动器官承受长时间工作的能力，以及运动员的心理控制和对疲劳的耐受程度四个方面。

提高运动员的摄氧、输氧及用氧能力，保持运动员体内适宜的糖原的储存量，提高肌肉、关节、韧带等支撑运动器官对长时间负荷的承受能力，加强运动员心理调节控制的能力，改进运动员在疲劳状态下动员机体潜力、持续工作的自我激励能力，是提高运动员耐力素质的重要途径。

二、耐力素质训练的手段

（一）有氧耐力素质训练

这种训练方式是以有氧锻炼为主，综合性地选择步行、跑步、功率自行车等作为核心练习方式。在有氧供能充分的条件下，强度适中、持续时间较长的锻炼可以为发展有氧耐力创造良好条件。下面介绍几种拳击训练中常用的有氧耐力素质的训练手段。

1. 持续训练法

①长时间、长距离、慢节奏及中等强度（约70%最大心率）的锻炼。

②匀速持续跑，跑的距离尽可能长，运动时间约1小时，心率控制在150次/分。

③越野跑，跑速可以适当变化，心率控制在130～180次/分，练习时间持续1.5～2小时。

④12分钟跑，运动员在12分钟内不间断跑步，计算跑动的距离。

2. 间歇训练法

①以重复进行较固定的练习强度、练习时间、练习距离和间歇时间为手段的间歇练习，比较适合有一定耐力基础且期望能获得更高适应水平的运动员。间歇练习比持续练习能使人完成更大的运动量，每次练习后有一个休息期。

②训练负荷较小，训练中每次持续时间不长。负荷强度较大，心率达到170～180次/分，在机体尚未完全恢复前进行下一次练习。

③法特莱克跑。由运动员自己掌握距离不等的快跑、慢跑、匀速跑、加速跑等交替进行的连续练习。

3. 高原训练法

在高原训练时，人体要经受高原缺氧和运动缺氧两种负荷。高原训练所造成的缺氧刺激比平原更强烈，这会促使机体血红蛋白和红细胞数量的增加。

（二）无氧耐力素质训练

1. 提高磷酸原系统供能能力的训练

这种训练主要采用无氧的乳酸的训练方法，其原则是最大速度或最大练习时间不超过10秒，每次练习的休息间歇时间不短于30秒。

2. 提高酵解能系统供能能力的训练

①机体生成乳酸的最大能力和机体对它的耐受能力直接与运动成绩有关。血乳酸在12～20mmol/L是无氧代谢训练最大敏感的范围。为使运动中产生高浓度的乳酸，练习强度和密度要大，间歇时间要短。

②高强度间歇训练，指进行多次短时间高强度运动训练，在每两次高强度运动训练之间以较低的强度运动或完全休息形成间歇期；常采用全力冲刺或90%左右最大摄氧量强

度，单次运动时间和间歇期可持续几秒到几分钟不等。

③Tabata 训练，严格按照 20 秒运动和 10 秒休息的时间进行 4 分钟训练，运动员可以根据自身情况进行训练量的增加和减少。

三、耐力素质训练的原则

（一）循序渐进

耐力素质的提高一般需要较长的时间，在训练的过程中要注意循序渐进原则的运用，不可操之过急。

（二）常变常换

一般情况下耐力素质的发展所花费的时间比较长，所采取的方法多为周期性的运动，所以为了避免在训练时产生的枯燥感，需要经常变换训练的手段，以不断激发运动员参与的积极性。

（三）持之以恒

耐力素质的水平标志着心肺功能的高低。耐力素质的提高需要的时间较长，但下降的速度较快，因此为了保证已获得的训练效果，要经常性地去做耐力性的练习，这对于促进运动员心肺功能的提高具有非常积极的意义。

第六节　柔韧素质训练

柔韧素质是指人体各关节的活动幅度，即肌肉、肌腱、韧带等软组织跨过关节的弹性与伸展能力。人体在运动中所发挥出来的力量、速度等其他素质都与柔韧素质具有密切的关系，柔韧素质对完成技术动作的力度与幅度，以及有效地预防运动损伤具有非常重要的作用。柔韧素质可分为动力性柔韧素质、静力性主动柔韧素质、静力性被动柔韧素质。动力性柔韧素质是指肌肉、肌腱、韧带根据动力性动作需要，利用肌肉的动力运动，使肌体拉伸到解剖学允许的最大限度的能力。静力性主动柔韧素质是指仅靠主动肌的收缩，保持对抗肌被伸展位置的能力。例如：在没有外力的帮助下，仅靠自己腿部肌肉的收缩，把腿举至一定的伸展位置。静力性被动柔韧素质是指靠自我体重、肢体支持或其他器械，将肌肉、肌腱或韧带拉伸到一定位置的能力。

一、柔韧素质的影响因素

影响柔韧素质水平的因素是众多的。当前国内外一些最新的研究认为，影响柔韧素质的生理因素有以下几个方面。

（一）肌肉、韧带和肌腱中结缔组织的特性

韧带和肌腱都包含有不同形式的非弹性蛋白质，称胶原蛋白。它混有不同数量的其他蛋白质（如弹性蛋白），这些蛋白比胶原蛋白弹性要大。肌肉的伸展性在很大程度上依赖于这些组织的弹性程度。

（二）关节面结构

关节面结构是决定柔韧素质的重要因素之一。关节活动幅度的大小决定于关节本身的结构。人体关节面的结构是由先天遗传因素决定的，构成关节的两个关节面弧度差即关节头与关节窝的弧度越大，柔韧性就越好，反之就越差。虽然训练可以使关节软骨增厚，但这种变化只能在关节面结构所许可的范围内。

（三）关节周围组织的体积

关节周围组织体积的大小对关节活动起限制作用，它一方面受先天性遗传的影响，另一方面受后天训练的影响。身体脂肪或肌肉体积过大都会影响邻近关节的活动幅度而使柔韧性降低。

（四）肌肉力量素质水平

力量大，静力性主动柔韧素质相对就好，但进行较大力量的训练会使关节的灵活性受影响，不过这种不良的影响是可以克服的。力量素质训练和柔韧素质训练的合理结合，可以使这两种素质的发展都达到很高的水平。

（五）个体疲劳程度

在疲劳的情况下，身体的弹性、伸展性、兴奋性均降低，造成肌肉的收缩与放松不完全，各肌群不能协调工作从而导致静力性主动柔韧素质下降，但静力性被动柔韧素质有所提高。

（六）中枢神经系统

中枢神经系统对骨骼肌调节功能的改善，主要是通过主动肌和对抗肌之间协调关系的改善，以及肌肉收缩与放松调节能力的提高，使主动肌收缩时对抗肌充分放松，降低由于对抗肌紧张而产生的阻力，保证运动幅度的加大。

二、柔韧素质训练的手段

相关研究发现，通过训练最容易改变和影响柔韧性水平的因素是肌肉、韧带和肌腱内组织的伸展性。所以，柔韧素质训练计划的目的是尽可能地使这些组织拉到最长，并维持尽可能长的时间。

肌肉拉长时，其收缩部分和结缔组织都被拉长。肌肉在长度改变上有两种类型：第一是弹性改变，这种改变会很快恢复，如准备活动；第二是黏滞性改变，这种长度改变相对较为持久。相关研究表明：大力量、短时间的伸展可以改变肌肉弹性，这种改变会很快恢复；而产生较为持久的黏滞性改变要采用小力量、持续时间长的方式。这些研究成果说明，进行充分的准备活动后，长时间、缓慢地伸展是增加结缔组织的长度和提高柔韧性的最好方法。

（一）主动拉伸训练

主动拉伸指的是不依靠任何外力，仅依靠自己主动肌的收缩力量拉伸到一定的活动范围。主动拉伸又分为静力性主动拉伸、动力性主动拉伸和摆动性主动拉伸三种类型。

1. 静力性主动拉伸

静力性主动拉伸指的是利用主动肌的收缩力量拉伸到一定的位置，然后保持在这个位置上。这种拉伸方式能提高静力性主动柔韧素质和增强主动肌的收缩力量。但是这种拉伸方式很难超过 10 秒，也很少需要保持超过 15 秒。

2. 动力性主动拉伸

动力性主动拉伸是指使一部分身体运动逐渐达到最大活动范围。在这种拉伸方式中，手臂和腿部都是缓慢地拉伸，且接近于关节的最大活动范围，没有幅度较大的动作。这种拉伸方法能提高静力伸展性，可以作为准备活动的一部分。

3. 摆动性主动拉伸

摆动性主动拉伸指的是身体或者肢体利用自身的运动冲量，试图超过其正常的活动范围。这种拉伸方式被认为对提高柔韧素质没有很好的效果，可能会导致损伤。

（二）被动拉伸训练

被动拉伸是指利用身体其他部位，在同伴或者其他外界器械的帮助下，使运动员的软组织得到拉长的练习方法。它又分为静力性被动拉伸和动力性被动拉伸。

1. 静力性被动拉伸

静力性被动拉伸指运动员软组织被动拉长后，保持这个姿势一段时间。这种练习方式可以很好地应用于训练后的恢复，可以帮助减少肌肉过度疲劳和酸痛。

2. 动力性被动拉伸

动力性被动拉伸指运动员软组织被动拉长后，利用外界帮助，有节奏地、多次重复同一动作，使软组织按刚才拉伸的方向再逐渐地被拉长的练习方法。

（三） PNF 拉伸法

PNF 拉伸法一般译为本体感觉神经肌肉促进法，也译为促通疗法，最早用于临床医疗康复，作为牵伸练习，是康复方法的一部分。PNF 拉伸法目前被认为是提高静力性被动柔韧素质最快、最有效的拉伸方法。具体方法是在同伴的协助下，肌肉被拉伸到一定的位置，然后主动肌等长收缩对抗同伴帮助施加的力，再被动拉伸至更大的活动幅度。PNF 拉伸法常见的有以下三种模式。

1. 收缩—放松法

运动员的肌肉被同伴拉伸至一定程度后，在此位置被拉伸的肌肉主动收缩 7 ~ 15 秒，然后放松 2 ~ 3 秒，再立即被拉伸到更大的伸展长度，持续 10 ~ 15 秒。休息 20 秒，再进行下一次拉伸。

2. 收缩—放松—对抗—收缩法

收缩—放松—对抗—收缩法包含着两次肌肉等长收缩：先是主动肌，然后再是对抗肌。第一部分和“收缩—放松法”是相似的，被拉伸的肌肉主动收缩 7 ~ 15 秒后再放松，此时，对抗肌做 7 ~ 15 秒的对抗等长收缩。休息 20 秒，再进行下一次拉伸。

3. 收缩—放松—对抗—收缩—放松法

这种方法与“收缩—放松—对抗—收缩法”的前面部分是相同的，只是在对抗肌等长收缩后，再进行最后的被动拉伸。尽管这能导致柔韧性的进一步提高，但也可能增加受伤的风险。

三、柔韧素质的训练要素

（一） 练习强度的把握

柔韧素质训练的练习强度与呼吸有关，建议每次拉伸应在无疼痛的情况下进行。在拉伸时，如果屏住了呼吸或想要屏住呼吸，那说明拉伸强度过大；如果觉得呼吸深而充分，或者不用费力就可进一步增大拉伸幅度，那说明拉伸强度刚好。静力性拉伸法，拉伸力量的大小一般应以运动员感到酸、胀、痛为界限。动力性拉伸法，重要的一条原则是贯彻循序渐进的原则，不可用力过猛。被动拉伸，以运动员的感受为依据。肌肉感到酸时，可减小力量；感到胀痛时，可坚持一会儿；当肌肉感到麻时，则应停止练习。

（二） 练习持续时间的把握

目前，在拉伸应持续时间方面相关研究并无统一的认识。国外相关专家认为，在轻度拉伸 10 ~ 30 秒后，再进行 10 ~ 30 秒强度较大的拉伸，这样的练习效果较好。根据运动训练学相关阐述：运用静力性拉伸法时，当软组织拉伸到酸、胀、痛时，持续时间为 8 ~ 10

秒；运用动力性拉伸法时，一次训练课的练习可控制在 15～25 分钟，每个练习可做7～10 次。

在做 PNF 拉伸法练习时，每次收缩时间应该在 6 秒以上，每次练习 2～5 组，每组收缩放松后，要保持伸展 10～15 秒。

（三）练习频率的把握

练习频率指的是每次拉伸重复的次数，或者每周练习的次数。一般建议每周训练的次数在 3～5 次。

四、柔韧素质训练应注意的问题

①练习之前先热身。

②力量练习后，应尽快进行牵拉练习。

③进行 PNF 拉伸法练习时，收缩可能造成心率和血压的升高，要注意医务监督。

④PNF 拉伸法的不同模式对血压的影响也不同，在制定练习方案时要充分考虑到针对不同的对象和目的采用不同的方法。

第七节　准备活动和整理活动

一、准备活动和整理活动的定义

准备活动是指在比赛、训练或体育课的基本部分开始前，为克服身体惰性，缩短进入工作状态时程和预防损伤而有目的地进行的身体练习，为即将开始的剧烈运动或比赛做好准备。本节参考《身体功能训练动作手册》（国家体育总局训练局国家队体能训练中心编著）一书中动作准备章节和《实用体能训练指南》（王卫星、韩春远主编）一书中准备与整理活动两个章节，结合拳击专项的运动素质要求，将准备活动分为心肺热身、臀部激活、动态拉伸、灵敏热身、神经激活等部分。

整理活动是指在运动后所做的一些加速机体功能恢复的较轻松的身体练习。整理活动又称放松活动，充分的整理活动是取得良好训练效果及预防运动损伤的重要手段之一。

二、准备活动和整理活动的作用

（一） 准备活动的作用

1. 建立强化正确的动作模式

通过具体练习，建立在神经系统激活下各运动系统之间的联系，使身体各环节有序地组合运动从而建立正确的动作模式。

2. 提高机体温度

一系列强度递增的动作练习，可以使身体温度在合理范围内逐步提高，降低肌肉黏滞性，增加肌肉供氧能力，在一定程度上预防运动损伤。

3. 克服内脏器官的生理惰性

准备活动可以提高心血管系统和呼吸系统的机能水平，使肺通气量和心输出量增加，骨骼肌毛细血管扩张，工作肌肉能获得更多的氧，从而克服身体的生理惰性，缩短进入工作状态的时程。

4. 唤醒、激活肌肉中的本体感受器

通过一系列稳定与不稳定之间的转换，本体感受器要根据来自外部的负荷调整身体姿态，调整肌肉力量和用力程度，增强身体的意识和控制力。

5. 唤醒、激活神经系统

动作准备板块含有稳定性练习和反应类练习。这些练习可以很好地提升运动员神经系统的专注度，使大脑反应速度加快，从而唤醒、激活神经系统，提升神经系统兴奋性，为正式训练或比赛做好准备。

（二） 整理活动的作用

适当的整理活动可以逐渐降低身体核心区和肌肉的温度，同时还可以发展身体柔韧性。实际上，柔韧性练习是整理活动的重要组成部分，因为拉伸需要在肌肉已经热身后进行。在正式训练结束后，进行整理活动可以使身体恢复更快，受伤概率降低，更富有柔韧性。

适当的整理活动可以消除代谢产物、降低血液中肾上腺素水平，使心率回到安静状态水平，缓解肌肉痉挛，提高身体柔韧性。

三、准备活动的板块

1. 心肺热身

一般采用 5 ~ 10 分钟慢跑，并且在慢跑中做出一些轻柔、协调的出拳和步法移动的练习。

2. 臀部激活

在运动实践中，运动员较少或比较难以动员臀部肌肉参与运动，大部分会过度使用大腿前侧肌肉，这样在反复的起跳落地过程中容易造成膝关节损伤。

实际上，有着人体发动机之称的臀大肌作为人体中最大的单块肌肉，可以提供强大的力量与爆发力。在动作准备中，臀部激活这种简单的训练手段，能促使臀部肌肉较为充分地动员，从而在被激活之后主动参与到运动中去。

3. 动态拉伸

动态拉伸以动态的方式进行拉伸练习，强调由各个基本的动作模式组成。运动员首先应有顺序地对全身各主要肌群进行拉伸，然后再进行多关节参与的拉伸动作练习；另外，可以根据不同运动员以及不同运动专项需求，增加针对性的动态拉伸动作。例如，拳击专项训练中髂腰肌、腰方肌的拉伸。

4. 灵敏热身

灵敏素质是一种加速、减速、变向和再加速的能力，在需要快速闪躲、快速进攻的拳击项目中发挥着重要作用，因此在每节课训练之前有必要进行灵敏热身。

5. 神经激活

神经激活练习能很好地提高运动员神经系统的专注度、参与度，使大脑反应速度加快，从而提高中枢神经系统的兴奋性。

进行神经激活一般以运动姿势为基本起始动作，进行快速移动和反应性练习。

四、整理活动的形式

1. 单人徒手的整理活动

单人徒手的整理活动和徒手准备活动类似，都是通过自身体重或力量来实现的身体练习。单人徒手能进行的整理活动分为身体机能冷却和拉伸两部分。身体机能冷却可以通过慢跑形式的有氧进行；拉伸主要靠自身体重和肢体力量来完成。

2. 双人整理活动

拉伸是双人配合进行整理活动的最后体现。双人配合拉伸的最大优点在于被拉伸者可以充分放松肌肉，拉伸放松效果更好。

借助一些专业器材进行整理活动可以达到更好的放松效果，比如用泡沫轴进行肌筋膜的按摩。

五、准备活动的设计

- 时间控制：20～25 分钟。
- 间歇时间：基本无间歇。
- 动作数目：匀速慢跑 5～10 分钟，臀部激活需要 2～4 个动作，动态拉伸需要 4～8

个动作，灵敏热身需要 2 ~3 个动作，神经激活需要 1 ~2 个动作。

- 动作次数与组数：每个部分动作都只做 1 ~2 组，臀部激活每个动作做 10 ~15 次，动态拉伸每个动作做 4 ~6 次，灵敏热身做 2 ~3 次，神经激活每个动作每次 10 ~20 秒。

1. 心肺热身

5 ~10 分钟慢跑，慢跑中做一些轻柔、协调的出拳和步法移动练习。

2. 臀部激活

迷你弹力带深蹲。直立姿站立，双脚间距与肩同宽，双手自然垂于体侧，背部挺直，腹肌收紧，大腿蹲至与地面平行，同时双手抬起，膝关节不超过脚尖，脚尖始终向前，始终保持背部平直和双膝间距离，膝关节不因迷你弹力带而内扣。

（1）进阶练习

弹力带单腿外旋、弹力带双腿外旋。

（2）迷你弹力带运动姿纵向走

运动姿势站立，双脚间距与肩同宽，双臂微屈，背部挺直，腹肌收紧，左脚或者右脚向前迈出一个脚的距离，另一脚跟上，保持双脚间距离。

（3）迷你弹力带运动姿横向走

运动姿势站立，双脚间距与肩同宽，双臂微屈，背部挺直，腹肌收紧，左脚或者右脚向左或者向右迈出 1 ~2 倍脚长的距离，另一脚跟上，保持双脚间的距离。

3. 动态拉伸

（1）抱膝前进

目标肌群：臀大肌、腘绳肌、髋关节屈肌。

直立姿正常站位，双脚间距与肩同宽，右膝抬至胸前，双手抱膝向上提拉，右脚尖勾起同时左脚脚跟踮起，收紧左臀，保持背部挺直；换左膝重复上述动作。（图 4－60）

图 4－60　抱膝前进

（2）斜抱腿

目标肌群：髋关节外侧肌群、髋关节屈肌、臀大肌。

直立姿正常站位，双脚间距与肩同宽，抬头挺胸，腹部收紧；右膝抬起，右手扶膝；左手握右脚踝关节，缓慢用力向上抬；同时左脚脚跟抬起，保持 1 ~2 秒；换左膝重复上述动作。（图 4－61）

（3）后交叉弓步

目标肌群：阔筋膜张肌、臀大肌、髂胫束。

直立姿正常站立，双脚间距与肩同宽，背部平直，腹部收紧，右腿迈出置于左腿后方 45 度位置，呈交叉站立姿，开始深蹲，至感受到左腿外侧有较强的牵拉感，保持 1 ~2 秒，站起后右脚回至起始站姿；左腿重复上述动作，循环进行。（图 4－62）

（4）脚跟抵臀—手臂上伸

目标肌群：股四头肌。

直立姿正常站立，双脚间距与肩同宽，背部平直，腹部收紧，左腿微屈，用右手抓住右脚踝，脚跟抵臀，同时上举左臂，右手用力拉伸右腿，拉伸 1 ~2 秒；换对侧重复上述动作。（图 4－63）

图 4－61　斜抱腿

图 4－62　后交叉弓步

图 4－63　脚跟抵臀—手臂上伸

（5）侧弓步移动

目标肌群：大腿内侧肌群、腹股沟。

直立姿正常站立，双脚间距与肩同宽，背部平直，腹部收紧，右脚向右迈出，呈侧弓步，身体重心移至左腿，脚尖向前，双脚不离地，下蹲呈深蹲姿势，同时保持右腿伸直，保持姿态 1 ~2 秒；换方向重复上述动作。（图 4－64）

（6）燕式平衡

目标肌群：腘绳肌。

直立姿正常站立，右脚抬离地面，背部平直，腹部收紧，双臂侧平举，保持头部、躯干、右腿呈一条线，俯身并向后抬高右腿，右臀收紧，保持牵拉 1 ~2 秒；换左腿重复上述运作。（图 4-65）

图 4-64　侧弓步移动

图 4-65　燕式平衡

（7）弓步 + 旋转

目标肌群：髋关节屈肌、臀大肌、腹内外斜肌。

直立姿正常站位，双脚间距与肩同宽，左脚向前呈弓步分腿姿，保持左侧大腿与地面平行，两手于胸前平举，掌心相对，放松躯干，左臂向身体后方伸展，同时躯干慢慢向左旋转至最大幅度，目光跟随左掌尖，保持拉伸 1 ~2 秒；换右腿重复上述动作。（图 4-66）

图 4-66　弓步 + 旋转

（8）弓步 + 侧屈

目标肌群：髋关节屈肌、臀大肌、腹内外斜肌。

直立姿正常站位，双脚间距与肩同宽，左脚向前呈弓步分腿姿，保持左侧大腿与地面平行，左手于胸前平举，右手侧平举，放松躯干，右臂举起向身体左侧屈，保持拉伸 1 ~2 秒；换右腿重复上述动作。(图 4-67)

图 4-67　弓步 + 侧屈

(9) 相扑深蹲

目标肌群：腘绳肌、腹股沟。

直立姿正常站立，双脚间距与肩同宽，背部平直，腹部收紧，俯身抓住脚尖，保持双腿直膝状态，下蹲，髋部贴向地面，双手置于两膝内侧，胸部向上挺直，保持背部平直，臀部向上直到腘绳肌感到牵拉，保持 1 ~2 秒。(图 4-68)

图 4-68　相扑深蹲

(10) 四肢走

目标肌群：腘绳肌、腓肠肌。

直立姿正常站位，双脚间距与肩同宽，先屈髋后弯腰，双手撑地，双腿伸直，双手向身体前方爬行，同时保持双腿伸直状态，始终感觉大腿后侧有较强的牵拉感，双手爬至头的前方，直至即将无法支撑住身体，保持双腿伸直，双脚走向双手，感到牵拉时，双手向前走，完成规定次数。(图 4-69)

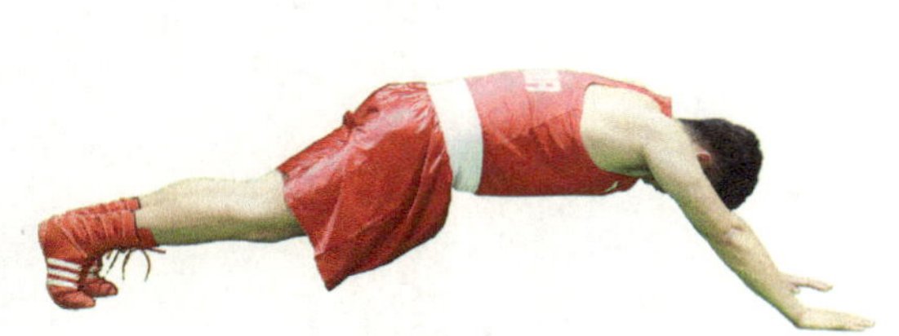

图 4-69　四肢走

(11) 最伟大拉伸

目标肌群：腹股沟、髋关节屈肌、腘绳肌、腓肠肌、臀大肌。

直立姿站位，双脚间距比肩宽稍窄，背部平直，腹部收紧，双臂垂于身体两侧，右脚抬至大腿与地面平行，向前跨步成弓步，俯身，左手支撑地面，右肘抵在右脚的内侧，保持牵拉姿势 1～2 秒；右手从右侧内侧向上打开，眼睛看右手指尖方向，两臂成一条直线，保持牵拉姿势 1～2 秒；双手撑地，右腿从屈膝状态伸直，脚跟支撑，脚尖用力绷起，保持牵拉姿势 1～2 秒；回到弓步姿势放松，左腿蹬起回到开始站立姿态。换对侧腿，重复相同动作。整个过程中保持后腿膝关节伸直，拉伸时处于伸直状态，并注意收紧臀大肌。(图 4-70)

图 4-70　最伟大拉伸

4. 专项热身

①空击。

②跳绳。

③双人徒手模拟对抗。

六、整理活动的设计

整理活动主要是进行一些轻柔的恢复性身体练习，单人徒手和双人牵拉的方法可以参考发展柔韧性的手段，借助专业器材进行放松的部位及放松方式可以参考表4-6。本部分主要介绍几种拳击专项整理活动的方式，详见图4-71至图4-74。

表4-6　借助专业器材进行放松的部位及放松方式

方式	上肢	躯干	下肢	分量
泡沫轴	前臂内外侧、三角肌、肩部	腰背、背阔肌、胸大肌、斜方肌	大腿内收肌、腓肠肌内外侧、股内侧肌肉斜头、腘绳肌、髂胫束、屈髋肌群、股四头肌、臀大肌、臀中肌	一般30～60秒，特别疼痛处停留5～10秒
按摩棒	前臂内外侧	上腰背、下腰背、背阔肌、斜方肌	腓肠肌内外侧、大腿内收肌、腘绳肌、髂胫束、屈髋肌群、股四头肌	一般30～60秒，特别疼痛处停留5～10秒
扳机点	前臂内外侧、三角肌、肩部	胸大肌	髂腰肌、腓肠肌内外侧、足底、髂胫束、臀大肌、股四头肌、屈髋肌群	在酸痛点上持续按压30～90秒，保持姿势，直到酸痛缓解

图4-71　腰部肌肉放松

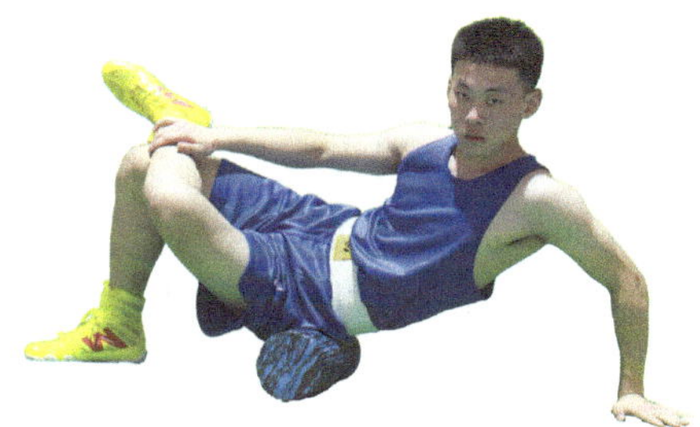

图4-72　臀部肌肉放松

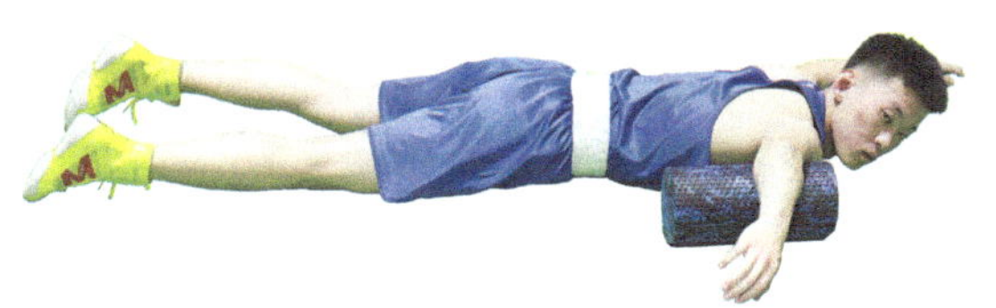

图4-73　肱二头肌放松

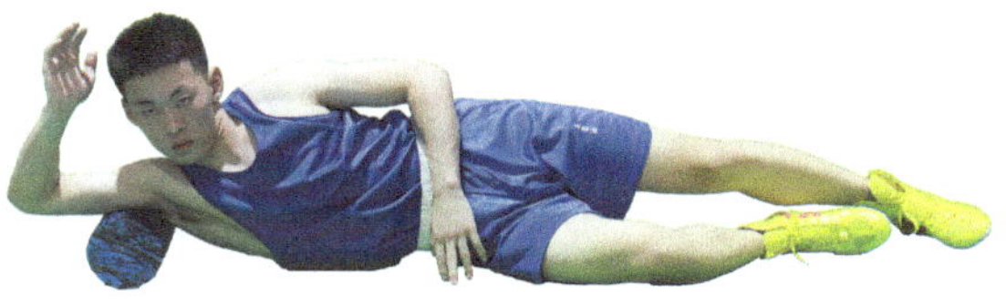

图4-74　肱三头肌放松

第八节　关节养护训练

养护性体能的概念是王卫星教授在长期带运动队的体能训练中提出的。养护性体能是体能训练的一部分。养是指通过训练来加快损伤后的恢复；护是强调预防损伤发生、提高预防伤病的能力。因此，养护性体能不仅是一种新的训练方法，还是一种新的体能训练理念，是传统体能训练的良好补充，具有很高的推广价值。

一、养护性体能训练的分类

按照养护的身体部位，养护性体能训练可以分为肩、肘、腕养护性训练，髋、膝、踝养护性训练，脊柱、骨盆养护性训练和整合性养护训练。

按照养护的不同软组织，养护性体能训练可以分为肌肉养护性训练，肌腱、韧带养护性训练，软骨及半月板养护性训练。

按照人体动作质量评估，养护性体能训练可分为肌肉长度和肌张力的训练、稳定性训练、动作模式训练、动作表现性训练。

二、养护性体能训练方法

拳击养护性体能训练通常以颈部和肩部的稳定性训练为主。拳击运动员在对抗时，难免会被击打到头部，稳定性较好的颈部可以让运动员瞬间缓过劲来；而缺乏稳定性的颈部，在被击打到头部时很可能失去继续比赛的能力，因此应多进行颈部稳定性训练。颈部稳定性训练可以采用弹力带各个角度的对抗和颈桥等动作。弹力带的动作练习见图 4－75 至图 4－78。

图 4-75　后侧颈桥　　图 4-76　左侧颈桥　　图 4-77　右侧颈桥　　图 4-78　前侧颈桥

加强拳击运动员单侧肩关节稳定性的练习动作：单臂壶铃行走。这种练习可以让单侧手臂在不稳定状态下提高肌肉的稳定性。

出拳大多都是上臂内旋的动作，而且由于准备姿势的原因，拳击运动员通常都是前侧肌肉特别紧，后侧肌肉特别松，长此以往会导致肩肱节律失衡和肩袖损伤，所以肩部的养护训练通常会以肩肱节律和肩袖的训练动作为主，如 I 字形、C 字形、S 字形、擦玻璃、招财猫等动作。（图 4-79 至图 4-83）

图 4-79　单臂壶铃行走

图 4-80　招财猫动作

图 4-81　I 字形动作

图 4-82　C 字形动作

图 4-83　S 字形动作

三、功能性训练

功能性训练最早起源于美国的康复领域。医生针对患者进行个性化康复训练，设计针对性的训练方法，以使损伤部位更好地康复，通过针对性和整体性的功能性训练，患者能够恢复到之前的状态。由此我们可以看出，曾经在康复领域的功能性训练就是设计针对性的训练方法，实现恢复到良好状态的目的。

身体功能性训练作为一种新型的训练方法有其独特的训练理念。它打破了传统体能训练中单一训练模式，将全身肌肉、关节看作一个完整系统，将人整个身体的动作看作一个动力链，更加注重人体运动模式和身体运动基本姿势的训练。功能性训练的主要作用是通过针对性的动作训练，改善人体的平衡能力和核心区稳定性，为快速的移动和爆发创造条件，提高肌肉和关节之间的协调性，以更有效地完成动作。

（一）功能性训练的主要特征

功能性训练强调训练的是动作，不是肌肉；强调要首先解决身体的不对称、不平衡、不协调的问题，恢复机体的功能作用，动态姿势的调整和平衡是所有训练的基础；强调构建正确的动作模式的控制力和精确性；强调在专项运动训练前训练基本动作技能；强调多关节、多平面、多维度内身体姿态的参与协调发展；强调训练中本体感觉器官的参与，在负荷与速度的变化过程中完成动作；注重动作的质量和效果，而不是动作负荷和数量；注重机体的主动恢复和再生训练，强调休息和训练同样重要。

功能性训练更强调躯干核心肌群、拮抗肌和大肌群下深层小肌肉的均衡发展，而不是强调某一具体动作中的四肢肌肉力量的过分发展；强调脊柱力量的控制、平衡和稳定性；强调能量在动力链上的有序传递，注重多关节肌群的协调和均衡，使全身肌群参与一体化；强调动作控制下的动态平衡性；强调在下肢力量训练前训练核心力量，在外载负重的力量训练前用自身力量进行练习，在训练关节灵活性前训练关节完整性，在训练主动肌群前训练协同肌，在训练力量耐力前训练绝对力量，在训练速度耐力前训练速度本身；强调各种功能器材的应用，而不拘泥于单关节的力量组合器械；强调训练后及时地恢复放松和进行再生训练。

（二）功能性训练的主要作用

功能性训练可改善身体姿态，发展运动员在不同运动状态下调整正确身体姿势的能力，形成主动肌、协同肌的合理互动关系，从而提高动作的经济性和训练效率；其动态平衡的训练方法可以大幅度提升人体的平衡能力，加强运动员脊柱稳定和本体感觉，有效协调四肢运动，达到动作完成的最佳状态，从而更深入地挖掘运动员的潜力；此外，还可以增加动作的稳定性、提升动作的精确性和维持关节灵活性，通过多种方式的动作控制练习，在功能解剖学上加强全身关节及周围肌肉、肌腱和韧带的稳定性，确保赛时良好的运动表现，并且有效预防运动损伤。

（三） 功能性训练和传统体能训练的关系

功能性训练不是万能的，在发展基础力量、基础耐力等多个方面仍需要传统的训练方法和手段。传统的体能训练包括一般体能训练和专项体能训练。一般体能训练即常说的基础体能训练，是运用多样的身体练习方法和手段，用负荷来提升人体各器官的系统机能（有氧、无氧耐力），发展运动员的身体素质，改进运动员的身体形态的训练模式。专项体能训练是指与运动专项结合的各种动作练习，如专项强度沙包、强度手靶等。

（四） 拳击功能性训练的手段

功能性训练与传统体能训练有着交叉的训练方法，发展基础力量还是依赖于传统体能训练。本节的功能性训练手段就不做基础力量训练的介绍，更多地为大家介绍一下动力链传导的练习、旋转及屈髋的练习。

拳击运动大多是单侧发力和旋转的动作，在功能性训练中通常采用单侧发力和基于旋转动作模式的训练。图 4 – 84 至图 4 – 86 是基于拳击运动素质需求及动力链特点介绍的一些训练方法。

①双腿站姿下砍。（图 4– 84）

图 4–84　双腿站姿下砍

②单腿站姿下砍。（图 4– 85）

图 4-85　单腿站姿下砍

③单腿硬拉。(图 4-86)

图 4-86　单腿硬拉

思考题

1. 拳击运动员的体能特点是什么?
2. 如何理解拳击运动中各项身体素质的重要性?
3. 结合自身情况制订一套拳击热身计划。
4. 根据拳击专项训练特征设计更多的功能性训练动作。
5. 发展拳击运动员力量素质的方法和手段有哪些?

参考文献

[1]田麦久. 运动训练学[M]. 2版. 北京:高等教育出版社,2017.

[2]王卫星,韩春远. 实用体能训练指南[M]. 汕头:汕头大学出版社,2017.

[3]国家体育总局训练局国家队体能训练中心. 身体功能动作训练手册[M]. 北京:人民体育出版社,2014.

[4]迈克·鲍伊尔. 体育运动中的功能性训练[M]. 2版. 张丹玥,王雄,译. 北京:人民邮电出版社,2017.

[5]HATMAKER M,WERNER D. Boxer's book of conditioning & drilling[M]. San diego:Tracks Publishing,2011.

[6]WERNER D,LACHICA A. Fighting fit:boxing workouts,techniques and sparring[M]. Chula Vista:Tracks Publishing,2000.

[7]HATMAKER M,WERNER D. Boxing mastery:advanced technique,tactics and strategies from the sweet science[M]. Chula Vista:Tracks Publishing,2004.

[8]SANDHI R,THOMPSON T. Advanced boxing:training,skills and techniques[M]. Wiltshire:Crowood Press Ltd,2011.

第五章　拳击心理训练

本章教学提示

1. 了解拳击运动心理的特点、作用及拳击运动员心理能力的影响因素。
2. 了解拳击运动心理能力的基本训练方法。
3. 了解拳击运动员训练、比赛过程中常见心理问题及其克服方法。

第一节　拳击心理特征

一、拳击心理能力及心理训练释义

心理能力即与训练竞赛有关的运动员个性心理特征，以及依训练竞赛的需要运动员把握和调整心理过程的能力心理能力是运动员竞技能力的重要组成部分。

心理训练是对拳击运动员采用一定的方法和手段，有意识地对其心理过程和个性特征施加影响，锻炼运动员掌握和调节自己的心理状态；或者说是为更好地参加拳击训练和比赛，做好各种心理准备而进行的专门训练过程。

二、拳击运动员心理特点

随着拳击运动的不断发展，运动员的技术水平也在不断提高，在运动员之间技术能力相当的情况下，心理因素逐渐成为影响比赛成绩的重要因素，特别是高水平运动员表现得尤为突出。有研究发现，高水平拳击运动员在激烈的比赛中能否取胜，心理因素占 80%，技术只占 20%。这是由于高水平运动员在技能方面的实力相差不大，获胜的关键往往取决于运动员稳定的心理素质，这在其他一些项目中表现也很突出。拳击运动要求运动员只有在比赛中具备稳定的心理素质，才能正确、灵活地运用技战术；特别是在关键时刻，要有勇敢、顽强、积极主动的比赛作风和拼搏精神，才能完成艰巨的比赛任务。在比赛中心理素质的好坏直接影响技术水平的发挥、战术的实施及体能的消耗，因此其对拳击运动来说是一项重要的竞技能力。拳击心理特点主要体现在意志品质方面，要具有坚韧性、顽强性、果断性、主动性和目标清晰度，同时还要具有良好的自信心、沉着冷静的处事能力以及顽强的斗志；气质类型以多血质为主，比赛中能时刻保持兴奋性，具有良好的高级神经反应能力；神经类型以稳定、灵活为主。

三、拳击心理能力的作用

拳击运动员的个性心理特征在训练和比赛过程中起着重要的作用。对于对抗性的拳击运动来说，心理训练显得尤为重要，比赛时面对对手强而有力的拳头、面对紧张而激烈的场面，甚至是对手挑逗性的刺激，都需要运动员具有良好的心理素质，否则，未战先惧或暴躁难耐，都不可能创造优异成绩。另外，运动员的体能、技能、战术能力及运动智能，都只有在其心理能力的参与和配合下，才能充分地体现。对拳击运动员进行心理训练可培养运动员稳定、良好的心理素质。当双方运动员技术训练水平相差不远时，心理素质就会对比赛的胜负起着决定性的作用；甚至在比赛中会出现技术训练水平较差的运动员，依靠其心理素质优势和有效的战术，战胜比自己强大的对手。

四、拳击运动员心理影响因素

（一） 运动员因素

1. 比赛动机

比赛动机是推动运动员进行比赛的内在动力。比赛动机过强会引起运动员情绪的混乱，使其运动能力下降，直接影响运动员参加比赛的积极性。激发运动员良好的比赛动机，是运动员赛前心理准备的重要内容。

2. 自信程度

自信是战胜对手极重要的因素。自信程度高的运动员在进入拳台后，会以绝对的气势压倒对手，尤其是初次交战的运动员，更要以自信取胜。有了自信不仅能应对比赛中出现的各种复杂情况，保持稳定状态，而且也能在心理和气势上给对手造成一定的压力。

3. 技术实力

技术实力是拳击运动员参加比赛的基础，也是影响运动员赛前心理状态极重要的因素。运动员技术实力强，在以往的比赛中有过较好的成绩，是运动员赛前心理稳定的前提。

4. 身体疲劳

由于赛前训练调整计划安排不当、运动员参赛过多而无法进行系统的恢复性训练、运动员不积极配合、自身缺乏经验，以及运动员不良的生活习惯等，都会导致运动员身体状态得不到很好的恢复。在这种情况下，大脑皮层兴奋性下降，抑制过程加强，参赛时不能很快进入状态，达不到适当的激活水平。

（二） 教练员因素

1. 训练程度

教练员应运用科学、系统的训练方法，借用高科技的监测手段，使运动员在尽可能短的训练周期内，尽快地掌握动作的技术要领，大幅度提高运动成绩，增强运动员的参赛信心，使其赛前的心理状态趋于相对稳定。

2. 战术安排

战术安排要有针对性，赛前应对对手的技术特点、力量程度乃至战术安排了如指掌，做到知己知彼。赛前针对对手的弱点进行假设训练也是战术安排的重点。合理地安排战术，使运动员充满信心，能在比赛中占有主动地位。

3. 心理训练

拳击运动是一项对抗性的运动，在训练和比赛中心理能力直接影响了运动员实力的发挥。拳击比赛赛前应有一个逐步适应的心理过程，赛前心理训练是保证运动员心理状态稳定的重要因素。

（三） 外界因素

1. 场地器材

标准的拳台、标准的灯光对运动员来说宛如在自己熟悉的训练场地，没有比赛的压力，动作技术得以正常发挥。但是，有些运动员对场地特别敏感，曾经在某个场地比赛时有过成功的经历，到了这个场地就特别兴奋，自我感觉相当好，获胜的信心倶增；而对陌生场地会产生不适反应，影响自己的实力发挥。

2. 观众情绪

拳击运动员的比赛焦虑状态与比赛的外界情绪有关。也就是说，运动员在比赛中产生紧张焦虑的主要原因之一在于周围环境中的教练员、助手、队友及观众，这种影响在一定范围内会起到积极作用。

第二节　拳击心理训练方法

拳击心理训练是拳击专项训练的一部分，拳击心理能力也是拳击运动员竞技能力的组成部分。拳击心理训练能有效地提升拳击运动员的专项心理能力，有助于运动训练和比赛。拳击运动中常用的心理训练方法有以下几种。

一、意念训练法

意念训练法是指运动员有意识地、积极地利用头脑中已经形成的运动表象或充分利用想象进行训练的方法。例如：在训练之前通过对拳击技术要领方法的想象，在大脑皮层中留下技术“痕迹”，然后在训练中把这些痕迹激活，可使动作完成得更加正确、顺利；或在训练后，对刚刚完成的训练进行技术“回忆”，使正确动作在脑海里更加牢固。假如动作中出现错误，在回忆中伴随着对错误动作的“纠正”，与正确技术进行对比，可以使其得到“克服”，避免下次训练时再次出现。

意念训练应注意：在训练时，一定要产生一种思维运动效果，要有意识地发展思维；使意念训练与各种运动感觉结合起来，把头脑中的想象变成运动中的机体“活力”；使运动员注意力高度集中，闭目练习常可收到良好效果；从某种意义上讲，自我暗示也属于意念的范畴，比赛前进行意念训练，一方面可以想象动作的完美过程，另一方面用暗语也可以进行自我动员与激励，取得技术想象与心理调控的双重效果。

二、模拟训练法

模拟训练法是指模拟设置未来比赛中可能出现的条件而进行的训练。模拟训练可使训练与比赛的实际尽可能接近，使运动员在近似比赛的条件下，锻炼和提高对未来比赛的适应能力，以及情绪控制能力等。模拟训练的内容包括技战术模拟训练、心理状态模拟训练、比赛环境条件适应性模拟训练、适应对手特点的模拟训练及适应时差的模拟训练。

模拟训练应注意：对拳击运动员进行赛前适应性训练的模拟训练，要对比赛的对手、环境、条件等各个方面进行详细的了解与分析；然后，根据分析研究的结果进行针对性训练，使训练尽可能地与比赛的实际相似；可在训练中根据对手特点针对性地模拟训练；也可根据拳击比赛时间特点，在下午或晚上进行模拟训练。模拟训练的目的是提高运动员适应能力，使运动员中枢神经系统形成优势现象并建立合理的定型结构。比赛情况多变，为使运动员能应对各种变化的情况，在模拟训练时应制定出几套办法，以提高运动员应对各种复杂环境的能力。

三、意志训练法

意志训练法是指训练中培养运动员勇敢、顽强、不服输的精神，使运动员在克服各种困难时能够表现出良好的意志品质。

意志训练应注意：加强训练和比赛的动机、态度的培养，通过长期系统的正面思想教育，使运动员明白只有通过自己艰苦的训练、艰苦的付出，才能实现自己远大的目标；培养运动员吃苦耐劳、顽强拼搏的意志品质，引导他们形成正确的训练动机，端正训练态度；可与实力较强的队员配对训练，以培养运动员训练中敢拼敢斗、勇猛顽强的心理品质以及树立战胜对手的自信心；培养运动员适应专项训练的意志品质，在平时训练中无论是技战术还是身体素质训练都要严格要求，认真完成每次练习；培养自我暗示、自我鼓励和调节情绪状态的能力，这样运动员在遇到困难时，就会及时进行自我调整，转变心理状态。

第三节　拳击赛前心理调节

拳击运动员在比赛前常常会出现一些心理变化，比如紧张、焦虑等心理现象。适当的心理调节有利于缓解拳击运动员的心理压力，促进自身运动水平的发挥，有助于提高比赛成绩。拳击运动常见的心理现象及克服方法有以下几种。

一、紧张

心理紧张是运动员在比赛之前对比赛刺激因素及本人参赛条件做出具有威胁性的评价，从而产生紧张的心理反应。运动员参加比赛前需要一定的心理紧张，以便把身体各组织、器官、系统动员起来，特别是提高中枢神经系统的兴奋性，以便动员人体潜在的能量，在比赛中创造出好的成绩。但是心理过度紧张，就会使大脑皮层对自主神经系统和皮层下中枢的调节活动减弱，呼吸短促、心跳加快，有的运动员会四肢颤抖、尿频，产生这些现象后必然会造成运动员的心理活动失常，很难把注意力集中到比赛上去，动作表象不清，听不进去教练员的指导。造成运动员心理过分紧张的原因很多，如训练过度、睡眠不足、压力过大、害怕对手、对成绩期望过高、比赛经验不足等。克服拳击运动员心理紧张的方法有如下几种。

（一） 表象放松法

这种方法是使运动员想象他通常感到放松与舒适的环境，让运动员在大脑中将自身置于这个环境中，使身体得到放松。使用这种方法的关键在于使表象中的环境清晰，在大脑中能生动地看到想象的环境，以增加情境对运动员的刺激强度。

（二） 自我暗示放松法

这种方法是使运动员全身肌肉放松，开始练习时由教练员指导运动员依次放松身体的各个肌群，同时增强呼吸，经过几次指导之后，让运动员自己独立完成。这种方法在开始时要花费较长的时间才能使全身肌肉放松，以后时间会逐渐缩短，最后可用较少的时间使全身肌肉放松下来。

（三） 阻断思维法

当由于信念的丧失出现消极思维、引起心理紧张时，运动员大吼一声或者向自己大喊一声“停止”，阻断消极驱动力的意识流，以积极思维取而代之。教练员在训练中可帮助运动员确定一个用以代替消极思维的积极而切实可行的活动，用以阻断消极思维。

（四） 音乐调节法

音乐调节法是拳击训练和比赛中常用的一种放松方法。选取不同的音乐能使人兴奋，也可使人镇定。音乐给予人的“声波信息”可以消除大脑所产生的紧张，也可以帮助人内在地集中注意力，促使大脑的冥想井然有序。特别是在大赛前，心理紧张的运动员听听音乐，可以有效调节情绪，缓解紧张。

（五）排尿调节法

人在情绪过分紧张时，会出现尿频的现象，这是因为情绪过分紧张，大脑皮层抑制过程减弱，兴奋过度，使得大脑皮层中枢和自主神经系统调节作用减弱。如果能及时排尿，会使运动员产生愉快感，同时使心理和肌肉得到放松。

二、胆怯

心理胆怯是一些运动员在比赛前经常出现的一种心理状态。心理胆怯使大脑皮层的控制系统陷入混乱状态，打乱了神经系统的控制，引起机能失调，使运动员在比赛时不能发挥出应有的水平。克服胆怯方法的根本是要找出使运动员胆怯的原因，解除思想负担。一般造成运动员胆怯的原因有：

①运动员不相信自己的实力，对比赛缺乏胜利的信心。

②运动员给自己的压力较大，要求自己必须取得比赛的胜利。

③惧怕名气大的对手。

④参加大型比赛以及重要比赛时，使得运动员的压力过大，不自觉地就产生了胆怯感。

⑤对观众、环境不适应，会感到有一种特殊的刺激气氛，心理产生胆怯。

对产生心理胆怯的运动员进行调整时，要对症下药，有的放矢。教练员要通过与运动员的交流及对运动员的观察，认真查找运动员胆怯的原因，有针对性地采取措施。

三、情绪消极

情绪消极是指运动员在激烈竞争的刺激下，对超限心理负荷所产生的一种失常的心理体验，表现为不安、有恐惧感、紧张过度和情绪失控。这些心理状态的出现，会使运动员的生理状态发生一系列的变化，如心跳加快、呼吸困难、浑身发冷、四肢无力等，并会导致知觉迟钝、行为刻板，对比赛失去信心。

克服拳击运动员情绪消极的方法主要有以下几种。

（一）激励法

教练员应根据运动员个性与客观影响，鼓舞运动员比赛的士气，把消极情绪转化为积极情绪。

（二）转移法

运动员的恐惧、不安和紧张的心理状态往往是由于思维定势和注意定向所引起的，对此可采用注意力转移的方法，使用一些刺激物去消除引起情绪消极的诱因，从而减缓和排除消极情绪。

（三） 升华法

在比赛中时常出现运动员的某些“能量”在一定场合下释放得恰到好处，可是在另一种场合下适得其反的现象，如勇气是运动员必有的品质，可是有时在某些场合下有的运动员也能干出一些凭蛮劲而盲动的事情。这时，升华法可以使运动员提高认识，增加克制力，规范自己的行为。

（四） 暗示法

利用客观刺激物对运动员的心理进行调节，如在比赛中运动员看到教练员从容的表情、轻松的语言及和蔼的态度等都会得到鼓舞，消除消极情绪。运动员也可通过自我暗示，运用指导语来调节中枢神经系统的兴奋与抑制，从而形成一系列反射活动，使消极情绪得到控制。

（五） 体验法

有消极情绪的运动员可通过参加比赛去体验比赛，提高运动员对恐惧、紧张的免疫力，控制消极情绪的产生。

四、情绪激动

情绪激动是少部分拳击运动员在赛前表现出的一种心理现象，表现为呼吸短促、心跳加快、四肢颤抖和心神不定，在行动上不能很好地控制自己的行动，知觉和表象不连贯，注意失调，遗忘与比赛有关的重要因素和记忆力下降等。

造成比赛前运动员过分激动状态的原因，主要是由于刺激物引起运动员大脑皮层抑制过程减弱，兴奋过程升高，致使大脑皮层下中枢和自主神经系统调节作用减弱。克服拳击运动员情绪激动的方法有以下几种。

（一） 丰富比赛经验

运动员产生情绪激动的原因大多与运动员的训练程度和比赛经验有关，应提高运动员的训练程度，丰富运动员的比赛经验，对初次参加比赛的运动员更应重视。

（二） 根据个人特点提高调节能力

运动员产生情绪激动的原因还与运动员的个人特点有关。有的运动员个性倾向比较突出，易冲动，在比赛前很容易激动，对待这样的运动员要加强其自身调节能力的训练。

（三）提高运动员的动机水平

参加训练与比赛的动机与倾向之间有着密切的关系，动机支配着行为，是直接推动运动员参加训练与比赛的内部动力。热爱拳击运动、为祖国争光等高尚动机可以使一个运动员在参加比赛时的心理处于良好的战斗准备状态；而希望通过比赛出名获利，或显示一下自己的个人狭隘动机，则通常会在比赛中发生包括情绪激动在内的不正常的心理状态。所以，教练员在平时的训练中应加强运动员参赛动机的教育，使他们树立高尚的动机。

五、心理淡漠

拳击运动员赛前淡漠状态与运动员大脑皮层兴奋过程下降、抑制过程加强有关。运动员心理淡漠，表现为情绪低落、意志消沉、精神萎靡、体力下降，对比赛缺乏信心，知觉、注意力强度减弱，反应迟钝，严重影响比赛的结果。

克服拳击运动员心理淡漠的方法有：帮助运动员分析比赛情况，使他们正确认识比赛的主客观有利条件，并且应制定具体可行的比赛措施，使运动员增强比赛信心，鼓舞斗志；帮助运动员形成崇高的比赛动机，端正比赛正确态度；防止赛前过度训练，使运动员情绪高涨，以饱满的热情参加比赛。

六、盲目自信

当一个运动员参加比赛的信心超过了他实际具有的能力时，就会产生盲目自信的心理状态。拳击运动员产生盲目自信多是由于对即将来临比赛的复杂性、艰巨性和困难情况估计不足，过高地估计了自己的实力，相信自己能取胜所致。这样的运动员具体表现为：不认真分析与研究比赛的战术；对比赛漠不关心；注意力分散，注意力强度下降；思维迟缓，自以为是；当遇到意想不到的困难时，表现得心情急躁、手忙脚乱、不知所措。

克服拳击运动员盲目自信的方法有：教育运动员要认真对待每一次比赛，做到胜不骄、败不馁；学习辩证唯物主义的方法论，使运动员学会科学、全面地分析问题；每次比赛前，教练员都应带领运动员实事求是地分析自身和对手的实力，充分估计可能出现的各种困难情况，使运动员处于良性的战斗准备状态。

七、注意力分散

注意力是心理活动对一种事物指向的集中，把注意力集中在某一对象或活动上为注意力的稳定性；和注意力稳定性相反的是注意力分散，也就是通常所说的分心。造成注意力分散有客观与主观两方面的原因。外部刺激常易造成注意力分散，如果出现一种能够引起无意注意的客观事物时，常会吸引我们的注意，从而出现注意力分散现象。

克服拳击运动员注意力分散的方法有：在平时应加强培养运动员不为其他事物所干扰分心的能力；使运动员对他所从事的拳击运动有强烈的意愿和浓厚的兴趣，这种来自内部的动机会使人的注意力高度集中；在日常生活中使运动员养成做事有头有尾、坚持到底的良好习惯；在参加比赛时，引导运动员不要多想比赛的结果，而应把注意力集中在比赛的过程上；在比赛之前消除担心、害怕等心理状态，避免情绪波动；可以让运动员进行一些视觉守点、听觉守音的练习，以使注意力集中。

八、心理焦虑

拳击运动员的心理焦虑是指在训练或比赛中运动员对当前现状或所预计的结果对自尊心有潜在威胁的情境所具有的担忧倾向。运动员适当的焦虑可以激发出改变自身现状的紧迫感，并进一步追求某种目标；但如果运动员对预计到的威胁产生过度担忧和过分恐慌，此时，往往会夸大比赛的困难因素，小看自己的实际能力，担心比赛成绩不好，担心辜负了教练员、家长的期望而产生焦虑，则不利于正常的比赛。

克服拳击运动员心理焦虑的方法有：进行积极的想象，采用放松训练的一些方法，消除焦虑情绪；赛前也可以演练一下比赛的情形，把思想集中到比赛中去；在完成动作之前可以将整个动作及完成动作时的思想状态按照程序背诵一遍。

思考题

1. 拳击运动员在训练、比赛中会产生哪些心理现象？
2. 拳击运动员赛前心理状态对其比赛发挥会产生什么样的影响？
3. 怎样辨别拳击运动员的赛前心理状态？
4. 如何选择合适的方法克服拳击运动员常见的心理现象？

参考文献

[1]田麦久. 运动训练学[M]. 2 版. 北京:高等教育出版社,2017.

[2]张力为,毛志雄. 运动心理学[M]. 2 版. 上海:华东师范大学出版社,2018.

[3]HATMAKER M,WERNER D. Boxer's book of conditioning & drilling[M]. San diego:Tracks Publishing,2011.

[4]WERNER D,LACHICA A. Fighting fit:boxing workouts,techniques and sparring[M]. Chula Vista:Tracks Publishing,2000.

[5]HATMAKER M,WERNER D. Boxing mastery:advanced technique,tactics and strategies from the sweet science[M]. Chula Vista:Tracks Publishing,2004.

[6]SANDHI R,THOMPSON T. Advanced boxing:training,skills and techniques[M]. Wiltshire:Crowood Press Ltd,2011.

第六章　拳击教学理论与方法

本章教学提示

1. 掌握拳击教学过程中的教学原则。

2. 重点掌握拳击教学过程中阶段的划分、主要使用的教学方法和手段。

3. 结合教学实践熟练掌握拳击教学过程中教案编写、教学组织和教法应用的三个重要环节。

拳击教学是教师按照大纲和教学计划的要求组织学生学习拳击运动理论和实践活动的过程，通过学习让学生掌握拳击基本的技战术、体能及心理的训练方法等，从而进一步为提高技战术的运用能力打好基础。

拳击教学的基本任务包括：掌握拳击理论知识、项目特点、技战术体系的特点及教学训练方法、提高身体素质的教学训练方法等，使学生初步具有拳击运动的教学、训练、竞赛组织、裁判和科研等技能，培养优良的思想和道德品质，以及勇敢顽强的意志品质。

拳击技战术的教学，要特别注意让学生掌握基本技术动作的规范化和战术训练方法，与此同时，向学生传授拳击基本理论知识，使学生正确理解技战术的概念、动作方法、规范要求、运用时机等；要在实践的同时，结合拳击运动的特点，加强组织性、纪律性的教育，培养勇敢顽强、积极拼搏、克服困难的意志品质和尊师重道、讲理守信的良好作风，最终目的是使学生成为德智体全面发展的体育教育所需要的专门人才。

第一节　拳击教学原则

教学原则是根据教学目的、教学过程及学生身心发展规律，从教学中总结出来的。它是教学工作的基本要求，是教师在教学活动中处理思想性与科学性、理论与实践、知识与能力、主动与被动等各种关系的准则。教学工作能否正确地运用教学原则与教学效果有直接的关系。教师必须深入理解教学工作中的各种辩证关系，正确地运用以下原则，把教与学、主观与客观恰当地融为一体，调动一切积极因素，提高教学质量。

一、直观性原则

直观性原则是指在教学中尽量通过各种形式的感知，丰富学生的感官和已有的经验。各种形式的感知，可丰富学生的刚性认识和直接经验，使学生获得生动的表象，从而掌握所学知识、技术、技能，并发展学生的思维能力。

人的认识要经过从感性阶段到理性阶段的认识过程。在拳击的教学中，学生除了通过视觉、听觉来感知动作的形象，还要通过触觉和肌肉的本体感觉来感知动作的要领、方位、肌肉用力的程度和方法，从而建立完整正确的动作形象和概念。因此，正确运用直观性原则，对提高教学质量是十分重要的。贯彻直观性原则可运用以下方法。

①利用不同的示范方法，建立完整的动作概念。拳击教学中常用的示范方法有：完整示范法、分解示范法、正面示范法、侧面示范法、背面示范法、错误动作示范法、正误对比示范法、边讲解边示范法等。同时，示范过程还要注意示范的位置应使每个学生都能看

见、听到；示范要主次分明、重点突出，进行示范前应对学生明确提出观看的重点和次序。教师可在完整示范后，再进行分解动作示范。

②利用生动的语言进行启发式教学，通过讲解、口令、提示、要求、指示、比喻、复诵、反问、提问等促使学生积极思考，加深对教学内容的理解。

③教学过程要注意讲解与示范紧密配合。讲解与示范结合可使直观与思维很好地结合起来，达到更好的效果。教授新动作时，讲解一定要配合足够的示范；复习课时示范要有重点、有针对性，讲解要有分析。

④适当运用图片、视频等现代多媒体手段进行直观教学。

⑤有针对性地观摩教学课、训练课和正式比赛，更加直观地理解拳击教学过程、训练手段和比赛的实践应用。

二、自觉积极性原则

教学是教师和学生的双边活动，在这个对立统一的过程中教师起主导作用，学生是教学活动的主体。学生渴求知识、掌握技术的愿望和行动是完成教学任务的前提。教学必须把教师的主导作用和学生的主动性结合起来，教育学生明确学习目的，调动其学习积极性和主动性，激发学生的求知欲，培养学生热爱拳击的兴趣，引导学生独立思考，灵活运用知识，使学生的学习成为自觉的行为。

在教学中学生的学习积极性主要表现为：遵守课堂纪律，学习刻苦，作风顽强，能完成规定的练习，并能主动配合教师完成教学任务。拳击教学要贯彻自觉积极性原则应注意以下几点。

①要使学生明确学习目的，端正学习态度。教学过程中教师要经常对学生进行思想教育，使学生认识学习拳击对增强体质、培养意志品质方面的意义，以促进学习的积极性和自觉性，树立为体育事业奋斗终身的精神。拳击教学中的思想教育应着重围绕以下几个方面：培养勇敢顽强、吃苦耐劳的意志品质，养成刻苦训练、自觉遵守纪律、谦虚有礼的作风，培养团结互助的集体主义思想。教学开始前应向学生宣布本节课的教学目的、任务和要求，使学生有目的地进行学习。

②严密课的组织教法。合理安排练习的组数、次数、时间、运动量，调动学生学习的兴趣，提高学生学习的积极性和自觉性。对初学者应通过思想教育及各种基础练习逐渐消除学生的害怕心理，树立良好的信心。在教学中教师要善于根据学生的情况提出合理的要求，使学生经过一定的努力完成，从而做到每一节课都有新的体会和进步。课上组织教法要多样化，增加互动性，可以是师生互动，也可以是学生与学生之间的互动，尽量使教学气氛生动活泼。

③教师以身作则，处处做学生的表率。教师要有高度的责任心和业务水平，时刻保持对教学工作的敬畏之心，注意自己的言行仪表，热爱自己的工作。对自己严格要求的同时更应该对学生严格要求、耐心指导、亲切爱护、一视同仁，建立良好的师生关系。在教学

过程中，教师应及时了解拳击的理论、技术、教学、训练等方面的发展趋势，丰富教学内容，提高教学质量。

④恰当地运用以表扬为主、表扬与批评相结合的方法，激励学生学习的积极性。

三、循序渐进原则

循序渐进原则也称为系统性原则。这一原则是根据人们认识事物的规律、运作技能形成规律与人体生理机能活动能力的变化规律提出的，强调要遵循由简到繁、由易到难、由浅入深、逐渐深化的认识过程。教学是一个复杂的系统工程，要精心安排每节课的教学内容、练习方法、运动负荷及采取的教学措施，使学生能系统学习，有效地掌握知识、技能和技术。

由于技术的难易程度及学生接受能力的个体差异，不同的教学对象对同一技术难度的理解不同，即使是同一教学对象，随着教学过程的深入，对同一技术难度理解也不同。因此，简与繁、易与难、浅与深是相对的，不是绝对的，应因教学对象、教学内容而定，灵活地运用系统性原则，防止简单化、公式化。在拳击教学中贯彻循序渐进原则可运用以下方法：

①制定切实可行的教学大纲、进度、教案，保持教学的系统性和连续性。

②根据教学的难易程度和各项技战术的有机联系，科学地安排教学顺序。课与课之间的教学内容要衔接连贯，并注意理论与技术、技术与战术的衔接连贯性以及技术对身体素质的依赖关系等。

③严密组织教法，发挥教师的主导作用，可根据具体情况调整课的量度和强度。

④逐步增加练习难度，运动量的安排要逐渐加大，使学生一直保持有新的努力目标和方向，以此激发学生探求知识的欲望。

四、从实际出发原则

从实际出发原则是指教学任务、内容、要求、组织教法和运动量的安排，都要符合学生的年龄、性别、运动基础和身体发育水平，以及符合学校场地、器材设备的实际情况，实施适当的组织教法，合理安排课的强度和量。在拳击教学中贯彻从实际出发原则要注意以下两点。

①课前做好调查研究，切实掌握学生的具体情况。教师要通过各种途径和方法，全面掌握学生的拳击基础、思想意志品质、组织纪律性、身体情况及掌握个别学生的特殊情况。

②一般要求与区别对待相结合，做到因材施教。在教学中，学生的情况不完全相同，既要照顾到一般学生的情况，又要考虑到个别学生的特点。

五、理论与实践相结合原则

从培养目标和对拳击教学课要求的实际需要出发，合理安排理论部分、实践部分及技能培养的教学内容和时数分配。理论部分主要采用系统讲授、专题讲座、自学、作业与讨论等方式进行；实践部分主要采用教学、训练、比赛相结合，以练习为主的方式进行技能培养。技能培养主要采用学生带做准备活动、部分课实习、制订教案与训练计划、组织教学比赛和担任裁判等方式。教学中一般先进行技术教学，使学生在运动实践中更好地了解一些动作要领，促使学生更快地掌握好动作；然后在实践的基础上再学习技术分析、教学与训练方法等理论，使认识由感性发展到理性阶段。课堂提问、课堂讨论、课堂作业、教学实习等形式，可以培养学生运用已学习到的知识和技能的能力，养成分析问题和解决问题的习惯，并可使认识过程由理论回到实践中去。拳击教学证明只有把理论与实际很好地结合起来，并在教学中多让学生亲自参加运动实践，才能收到好的效果。

六、巩固性原则

巩固性原则是指在教学中，使学生牢固地掌握所学的知识、技术和技能，能随时在记忆中再现这些内容，并能在实践中加以运用。技术的巩固程度为技术的提高创造了条件，因此拳击教学不仅要使学生自觉地去学习拳击知识和技术，而且还要让他们注意巩固已掌握的知识和技术，使学生在巩固的过程中不断提高技术水平；要使学生在较短的时间内牢固掌握所学的知识和技能，需要及时、不断地重复，防止遗忘。知识的巩固要贯穿于教学的各个环节，贯彻巩固性原则，必须处理好技术动作的正确性与练习次数的关系。初学者以建立正确的技术概念、形成规范的动作为主，在此基础上增加练习次数，强化技术，达到巩固提高技术的目的。贯彻巩固性原则时可以运用以下方法。

①使学生明确正确的动作概念、要领和完成的方法手段，并了解所学技术的特点及使用的前提条件。

②反复练习，逐步消除技术动作的缺点，使之趋于完善，达到技术的正确动力定型。

③在掌握知识和技能的基础上，不断提出新的要求，以求达到新的水平。

④加强身体素质和作风培养。

第二节 拳击教学方法

教学方法是教师实现教学任务的具体手段，也是各项教学原则的具体体现。拳击运动的教学应根据教学任务、技战术的系统性，合理安排教学的顺序。任何技术动作或战术方法教学，都应遵循教学原则的基本要求和运动技能形成的理论、结合拳击运动的特点，并正确地选择和运用教学方法去完成教学任务。拳击教学过程通常分为以下三个教学阶段。

一、初步掌握动作阶段

（一）语言讲解法

语言讲解法是指向学生讲解技术动作的名称、作用、应用特点、动作方法、要领和要求，指导学生进行技术练习。正确的讲解有助于学生掌握技术动作，启发学生积极思维，加深对技术动作的理解程度，培养分析问题和解决问题的能力。讲解一般是先按动作结构的顺序进行，然后指出技术动作的要点。讲解要通俗易懂、简明扼要，表达要生动形象。讲解的内容包括以下几个方面。

①动作的名称、应用特点、动作原理：使学生对一个动作先有概念上的认识，了解其特点。如直拳技术是主要的进攻技术，比赛中主要应用在远距离的对抗中，击打部位为头部和腹部，动作的发力原理需要通过蹬地、转髋、送肩来协调身体的转动，提高击打的力度和速度。

②基本要求：其指对技术动作各环节规范的要求，如击打直拳时要蹬地、转髋用身体转动的力带动上肢发力，击打路线呈直线，击打时用拳峰部位等。

③动作规范：使学生明确动作的规范标准及意义，规范的动作可以优化出拳的路线，使动作更利于发力，提高拳法击打的效率。

④动作重点：使学生明白整个动作环节的关键之处，突出重点。

⑤易犯错误与纠正：在学生练习前讲解易犯错误，使学生明白常见的错误动作，力求预防；在学生练习中讲解，使学生主动去改正错误。

⑥实践应用：是拳击技术教学的重要环节。单个技术的掌握是为了综合技术的整合，综合技术的掌握就是为了比赛的实践应用。因此，实践应用的讲解主要是针对不同技术在比赛中的应用特点进行介绍，同样的技术在不同距离、不同的时机、不同速度下所应用的效果不同，目的是使学生明白在具体实践中如何去应用，以及在应用中需要注意的问题。

教学中讲解的时机包括：学习新动作时要多讲；示范动作时要边示范边讲解；针对普遍存在的问题要重点讲；抓住典型问题要突出讲；在问题出现的早期要及时讲；徒手练习时要多讲；实践练习时要少讲；在学习过程的前期要多讲，后期要多练。

（二）直观示范法

直观示范法主要采用正确的示范动作，使学生建立正确的技术动作表象，提高学生兴趣，激发学习的自觉性、积极性。为了建立完整的示范动作概念，教师在教学过程中应先进行一次完整的示范动作，再根据技术动作的结构和要求做重点示范，让学生的注意力重点关注到动作最主要的环节上；另外，为了使全部学生都能看清示范动作，示范时要注意示范的位置及方向。

教师在教学过程中所采用的示范面可分为正面示范、侧面示范、背面示范和镜面示范四种。而示范位置一般有以下几点。

①学生站成一排，教师在前面进行示范。

②学生排成两排横队，面对面站立，教师在中间示范。

③学生分为一排或两排横队，排成半圆弧形，教师在中间示范。

④学生人数较多，则排成三排或四排横队，前面两排学生蹲下或坐下，且前后学生依次错开，教师在前面示范。

总之，无论采用何种队形，原则上是教师示范的位置和示范面都应让学生比较清楚地观察到示范的动作。

教学过程中示范的时机包括：新动作学习时要示范；纠正错误动作时要示范；强化动作要点时要示范；技术动作的比赛应用要示范；学习过程的前期要多示范，后期要多练习。

（三）实践练习法

在教师讲解与示范的基础上，学生开始练习并体会动作，将视觉、听觉、本体感觉联合起来，以便获得所要学习技术动作的运动感觉。教师从练习中可以检验学生学习技术动作概念的理解程度，发现在实际完成动作时的主要问题，特别是技术动作主要环节的完成情况，对技术动作进行补充示范与讲解，以动作的规范来强化动作概念的形成。

二、熟练掌握技术动作阶段

根据技术动作的难易程度，教师应正确地选择和运用教学方法。一般来说，一个拳击动作的教学，主要利用完整和分解两种方法，并在练习中辅以重复练习法和变换练习法。

（一）完整教学法

完整教学法就是从动作开始到结束，不分部分和段落，完整地进行教学。它的优点是便于学生完整地掌握动作，不至于破坏动作的结构和割裂动作各部分的联系。简单的技术动作，如直拳动作，就可采用完整练习法。这种教法的缺点是不容易掌握动作中较困难的要素和环节，如直拳动作教学，利用完整教学法时，初学者蹬地、转髋、送肩、击打这四个环节一般不容易掌握。因此，完整教学法一般是在动作比较简单时使用，或者动作本身不易分解时采用。

教授复杂和较难的动作采用完整教学法，要突出重点。开始先重点注意技术的基础部分，然后再逐渐掌握细节部分；或先要求动作路线，然后再要求力量和速度；并要广泛采用各种专门或诱导性练习，发展相应的肌肉及其协调配合能力，帮助学生体会动作要点。

（二） 分解教学法

分解教学法是指把完整的动作合理地分成几个部分，按部分逐步地进行教学，最后达到全部掌握。其优点是可以简化教学过程，便于掌握动作的准确性，有利于学生感知和了解动作的各个环节，提高学生学习信心；有利于更快地掌握较复杂的动作，如上步左、右直拳动作可分解为步法移动，原地左、右直拳，上步左、右直拳三个部分。在训练中需要注意，分解法如运用不当，容易使动作割裂，破坏动作结构，从而影响正确动作的形成。因此，运用分解教学法时应注意以下几点。

①分解动作各部分时应考虑到它们之间的有机联系，使动作各部分之间的划分不至于改变动作的结构。

②使学生明确所划分的部分在完整动作中的位置。

③与完整教学法相结合，运用分解教学法是为了完整地掌握动作，因此，分解教学时间不宜过长。

④分解示范有慢速分解示范和常速分解示范两种，一般先采用慢速分解示范，然后逐渐过渡到常速分解示范，同时要把慢速和常速的示范有机地结合起来运用。

（三） 两种教学法的比较与配合运用

一个动作的教法选择应取决于这个动作的复杂程度和学生接受运动技术的能力。学习简单技术时完整教学法比分解教学法优越，学习较复杂的技术时分解教学法较优越。但一个动作是简单还是复杂只能相对而言，对基础好的学生是简单技术，而对基础差的学生可能是复杂技术。因此，同一个技术对学习能力强的学生可能采用完整教学法比较适用，对学习能力差的学生可能采用分解法教学更好。在拳击教学中，两种方法是互相紧密配合运用的。运用分解教学法应积极创造条件，以达到完整地掌握动作；在以完整教学法为主进行教学时，也可对动作的某个环节进行分解示范，这是根据拳击技术动作的特点和教学的具体需要而定。

在教学实践中总结出来的完整—分解—完整的教学法，是把完整教学法和分解教学法较好地结合起来的方法，就是在教学中首先通过示范、讲解和练习，让学生初步建立完整的动作概念，然后通过必要的分解步骤使学生进一步体会和初步掌握分解动作，接着尽快进入完整配合练习。

（四） 重复练习法和变换练习法

1. 重复练习法

重复练习法一般在简化条件下练习，形成正确的技术动作的动力定型。让学生在配合条件下，不断地重复练习某个动作。如学习直拳时，抓住动作的主要环节集中练习直拳动作，暂时可以对步法、重心移动等动作细节不作要求，等学生反复练习而基本掌握直拳动作时，再对其各个环节提出要求并进行完整练习。在整个教学过程中学生并不能很顺利地完成动作，常会产生这样或那样的错误，教师要善于预防和发现并及时纠正错误，这对于学生形成正确的技术运作的动力定型十分重要。

2. 变换练习法

运用此法主要是使学生在复杂情况下巩固技术动作的动力定型。拳击练习中通过变换完成技术动作的条件和练习的组织形式，加大完成技术动作的难度，提高完成动作的要求，从而达到巩固、改进和完善动作的目的。运用变换练习法可纠正新的错误，使技术动作逐步协调、准确，达到进一步改进、完善动作的目的。

三、掌握组合技术阶段

掌握组合技术阶段是在全面掌握基本技术动作的基础上，学习组合技术，将多种单拳技术、防守技术和步法协调配合，并在实战条件下，学会克服对手的阻挠和制约，达到准确、合理地运用技术。

掌握组合技术是将某些动作作为假动作来迷惑对手，使其防守时重心移动，在其调整重心时乘虚而入，使用随后的第二个动作。这要求假动作做得逼真，而且真假动作的改变要快速。如在拳击教学训练中，进攻者先使用直拳假动作进攻对手，待对手防守时，再立即使用后手摆拳攻击得点，通过如此的反复练习，可不断提高运用技术的应变能力。此阶段主要的教学方法有以下三种。

（一）实战练习法

实战练习法是指按照拳击比赛的规则，让学生应用所学的技战术，组织学生进行比赛的练习方法。这种方法具有较强的竞争性，可以激发学生参与训练的积极性；有效提高学生技术和战术应用能力，增强对抗意识；培养学生的竞争意识和顽强的意志品质。

在教学过程中其主要的应用方法有条件实战和全面实战两大类。其中，条件实战包括多种形式，可以限制出拳的形式、力量、数量、对抗的距离、防守的形式、步法的移动等，主要根据不同的教学目的来细化对抗的形式，从而达到提高训练效果的目的。

在教学过程中运用实战练习法的注意事项是学生只有掌握了一定的技术动作和对抗能力后才能进行比赛的练习，适用于技术动作的提高、熟练和巩固阶段。

（二）技术对练练习法

技术对练练习法是指在教学过程中依据拳击技术动作的特点，组织学生两人一组进行攻防练习的方法。其主要的作用是从技术的角度来提高学生攻防技术的应用能力，不像实战练习法可能会给学生造成一定的心理压力，这种练习方法给学生在心理方面造成的压力较小，从而可以全身心地进行技术能力的提高。

技术对练练习法主要的特点是针对某一项技术进行强化练习，以提高学生技术应用的熟练程度、技术应用的自信心和攻防转换的能力。其应用的方法包括针对直拳进攻的防守或防守反击练习、针对摆拳进攻的防守或防守反击练习、针对勾拳进攻的防守或防守反击练习、针对单拳或组合拳进攻的防守或防守反击练习等。

（三） 游戏练习法

游戏练习法是以游戏的形式组织学生进行练习的方法，多以两人一组进行游戏对抗。这种方法的特点是具有内容丰富和形式多样的特点，在强调竞争性的前提下体现了较好的趣味性、娱乐性，既能活跃课堂气氛又能激发学生学习的积极性，是拳击教学常用的方法。

在拳击教学过程中常用的游戏练习方法包括技术性游戏和体能类游戏两大类。其中，技术性游戏有拍肩练习、踩脚练习、抢绷带练习、进攻防守练习等；体能类游戏有多种形式，主要是以发展学生身体素质为主的练习方法。

第三节　拳击教学组织案例

教学过程是落实教学计划的具体教学形式。组织形式是根据教学的具体任务、内容和对象的特点而决定的，一般包括理论和实践两大类。理论中有理论课、自学、录像、课堂讨论、课外作业等形式；实践中有技术课、教学实习、教学比赛、课外作业等形式。根据体育教学过程的客观规律，拳击课的组织结构基本上有四个部分，即开始部分、准备部分、基本部分和结束部分，各部分要根据课的任务、内容、组织教法及学生的特点而有所侧重；而上好一节课应该处理好课前准备、课的组织实施和课后总结三个环节。

一、教学课的三个环节

（一） 课前的准备工作

上好一节课，教师要做好课前的准备工作，具体包括：要熟悉该课程的教学大纲，编写好教案，明确教学的重点和难点、组织形式、教法步骤及课的任务和要求；要了解基本情况，充分了解学生情况是做好备课工作的前提，只有充分掌握学生情况，才能使教学工作切合学生的实际，从而更圆满地完成课的任务；在所教的班级中，教师一般应先了解学生的人数、年龄、性别，是否具有体育基础等；场地器材的准备和检查；编写教案。

（二） 课的组织实施工作

一节拳击教学课一般由四个部分组成：开始部分、准备部分、基本部分和结束部分。

1. 开始部分

开始部分约占全部时间的5%。它的主要任务是组织学生，使学生明确课的任务和要求。内容主要有集合整队，检查人数，安排见习生，讲述课的内容和教学任务、要求，进行思想动员等。

2. 准备部分

准备部分占全部时间的15%～20%。它的主要任务是使身体各器官系统迅速进入工作状态，为基本部分的训练做好充分准备；使学生建立适宜的兴奋性，把注意力集中到本节课上来；方法多采用小游戏、口令变化等，但此项内容应根据对象的具体情况而选择。

准备部分按活动性质和任务可分为一般准备活动和专项准备活动。一般准备活动主要是促进身体各关节、肌肉群得到活动。专项准备活动主要是在进行基本部分前，使与基本部分内容有关的机体器官做好充分准备，其动作性质要与基本部分内容相适应，如做一些徒手或阻力的模仿技术练习等。准备活动的内容和组织方法是多种多样的，但在课堂上必须根据课的任务、特点和学生特点正确组织和安排。

3. 基本部分

一堂课的任务主要在基本部分完成。基本部分它的主要任务是使学生掌握和提高拳击的基本知识、技战术和技能，提高身体素质，改善身体器官的机能，增强体质，提高学生的身体训练水平，培养优良的品质。基本部分的主要内容包括技战术练习和身体素质练习，以及有关的理论知识和技能学习。在安排练习内容时，技术练习安排在前，力量练习安排在后；动力练习安排在前，静力练习安排在后；学习技术练习安排在前，对抗练习安排在后；不同作用的练习穿插进行。提高身体素质的练习安排在课的最后，运动量的安排应逐渐增大。

4. 结束部分

结束部分约占全部时间的5%。它的主要任务是有组织地结束一堂课，使人体参与用力的肌肉拉伸和放松并转入相对安静的状态，以及进行课的总结。结束部分内容一般采用放松慢跑、放松拉伸、按摩同时还要做课的总结和布置课外作业。实际教学工作不能忽视这部分的内容，更不能因为其他原因挤掉结束部分的时间。

（三）课后总结工作

课后总结是总结教学经验、整理反馈信息、调控教学的有效方法。一堂课的教学质量应从完成课程任务的情况来衡量，而任务完成的好坏与教师课前的准备及课上的一系列工作是分不开的。因此，总结一节课的质量一般从两个方面进行。第一，分析教师课前的准备工作，包括是否掌握了学生的情况，任务是否定得正确，课的内容是否符合课的任务，课的时间分配、课的组织与教学方法的运用及教案的质量如何，场地器材的准备情况等。第二，分析教师在课上的组织教法和教学工作的质量，教学原则的贯彻和教学方法的运用，强度和运动量的掌握，时间的分配是否恰当，练习是否达到要求，学生的自觉性、积极性的调动与发挥等。

二、课的组织方法

学生在教师的指导下初步学会动作后，需要反复练习才能逐步形成较为正确的动力定型和技能自动化。教师组织练习的方法，学生练习的次数、时间要根据学生原有的基础、课时总时间、教材的难易来决定。学生在练习时首先要明确教师提出的具体要求和做法，认真地完成练习任务。一般常采用的组织练习方法有个人练习法、配对练习法、分组练习法、集体练习法、模拟比赛的实战练习法。

（一）个人练习法

学生单独一人练习，可以提高自己的记忆能力，并根据自身条件来理解动作，培养学生独立性，使其能够静心体会动作，不受他人的干扰。

（二）配对练习法

这是拳击教学中常用的方法。拳击比赛是两人的直接对抗，在掌握了基本动作后，应多进行双人的配对攻防练习，尤其是戴上护具后在进行双人配对练习时要明确练习目的，强调安全性，防止受伤。

（三）分组练习法

固定某一练习或进行循环练习多采用分组练习法，一般是将体重相近的几个队员分为一组，或是将水平相近的几个队员分为一组。分组练习法要求在练习中要互相配合、互相鼓励，休息间歇时可让同组人员互相指出优点和缺点，以共同进步。

（四）集体练习法

这种练习法一般在学习新动作或教师领做动作时采用，强调动作的规范性。教师应及时观察学生练习的情况，并及时给予集体纠正或个别纠正。

（五）实战练习法

模拟比赛进行教学实战练习并进行针对性的讲解，提高学生技战术的实际运用能力。

三、拳击教学进度、教案范例

（一）拳击教学16次课32学时教学进度安排

拳击教学16次课32学时教学进度安排见表6－1。

表6－1　拳击教学16次课32学时教学进度安排

周次	课次	内容
1	1	初步掌握基本姿势和基本步法
	2	复习基本姿势、基本步法、学习原地左右直拳
2	3	复习原地左右直拳，结合步法学习上步和后退左右直拳
	4	复习上步和后退左右直拳，并结合手靶练习体会动作发力
3	5	初步掌握上勾拳和平勾拳的技术要领
	6	结合手靶复习上勾拳、平勾拳和直拳技术，体会动作发力
4	7	初步掌握摆拳的技术要领，结合手靶体会动作发力
	8	复习摆拳技术，并结合步法初步掌握组合拳技术
5	9	进一步提高移动中组合拳的技术水平
	10	初步掌握侧闪、摇闪、下潜和后仰闪躲防守技术
6	11	复习闪躲防守技术，初步掌握闪躲反击技术
	12	巩固提高闪躲反击技术，初步掌握拍击反击和迎击反击技术
7	13	通过手靶、沙包练习，进一步提高拳法的速度和力度
	14	通过技术对练，进一步提高防守反击的技术水平
8	15	条件实战，巩固提高进攻和防守反击技术的应用能力
	16	技术考核

（二）拳击教学课教案示例

拳击教学课教案示例见表6-2。

表6-2　拳击教学课教案示例

授课周次　1　**周**　2　**次**　**授课对象**＿＿＿＿＿　**日　期**＿＿＿＿＿

课的任务　1. 复习基本姿势和基本步法，巩固提高技术水平。

2. 初步掌握左右直拳的技术要领。

3. 培养学生勤学苦练的精神。

部分	时间/分	教学内容及分量	组织教法
开始部分	5	一、集合整队，师生问好 二、检查人数 三、布置本次课的任务和内容 四、思想动员 只有勤学苦练、吃苦耐劳才能掌握技术动作	一、组织形式 ×××××× ×：学生 ×××××× Δ：教师 Δ 二、要求 1. 集合要求快、静、齐 2. 问好声音洪亮 3. 见习生不能随意走动
准备活动	20	一、一般准备活动 1. 头部运动 4×8 拍 2. 扩胸运动 4×8 拍 3. 振臂运动 4×8 拍 4. 体转运动 4×8 拍 5. 弓步压腿 4×8 拍 6. 侧压运动 4×8 拍 7. 膝关节运动 4×8 拍 二、行进间准备活动 慢跑、滑步、前踢腿、高抬腿、弓步跳、步法练习等	一、组织形式 ×××××× ×××××× Δ 二、要求：准备活动注意力集中，充分活动开各关节。行进间准备活动结合身体协调性训练。 三、教法：讲解示范

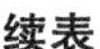

续表

部分	时间/分	教学内容及分量	组织教法
基本部分	60	一、复习基本姿势、步法（10 分钟） 1. 提问基本姿势、步法的要点及易犯的错误 2. 使学生进一步掌握技术要领，巩固并改进技术动作 二、学习左右直拳单拳（35 分钟） 任务：初步掌握左右直拳的技术要领。 动作要点： ①左直拳由基本姿势开始，出拳的同时转髋，身体沿纵轴稍右转，通过身体的转动带动出拳，增加出拳的力量 ②出左直拳时，右拳保持防守位置不动 ③出拳时身体重心保持在两腿之间，身体不要上下起伏 ④出拳路线呈直线，拳的高度与肩同高 ⑤右直拳动作要领同左直拳。技术要领注意蹬地、转髋、送肩 易犯错误：出拳和转髋不一致，抬肘、出拳路线不是直线。 三、学习原地左右直拳连击拳（15 分钟） 动作要点：出拳时左直拳可以不用转髋，只强调右直拳要蹬、转。两个拳最重要的是打在一个点上，左直拳收回的同时，打出右直拳，保证出拳的节奏。 易犯错误：两拳出拳不连贯，高度不一致。	一、组织形式 × × × × × × × × × × × × Δ 二、教法：完整示范，分段示范，突出蹬转的技术环节。 ①原地练习 ②两人一组纠正错误 ③上步左右直拳练习 三、要求：认真体会动作，努力改正错误动作，在熟练掌握技术动作的基础上，严格要求技术细节。
结束部分	5	一、双人相互按摩 二、集合讲评 1. 表扬守纪律、练得较认真的学生 2. 总结本次课完成教学任务的情况 3. 宣布下课	一、组织形式 × × × × × × × × × × × × Δ 二、教法 1. 示范讲解，集体放松练习
见习生安排		场地与器材	2. 讲明放松的意义
课后小结			

思考题

1. 拳击教学原则有哪些?
2. 拳击教学过程中常用的教学方法有哪些?
3. 拳击课程的组织方法有哪些?

参考文献

[1]王德新,樊庆敏. 现代拳击运动教程[M]. 上海:复旦大学出版社,2012.

[2]全国十二所重点师范大学. 教育学基础[M]. 3 版. 北京:教育科学出版社,2014.

[3]HATMAKER M,WERNER D. Boxer's book of conditioning & drilling[M]. San diego:Tracks Publishing,2011.

[4]WERNER D,LACHICA A. Fighting fit:boxing workouts,techniques and sparring[M]. Chula Vista:Tracks Publishing,2000.

[5]HATMAKER M,WERNER D. Boxing mastery:advanced technique,tactics and strategies from the sweet science[M]. Chula Vista:Tracks Publishing,2004.

[6]SANDHI R,THOMPSON T. Advanced boxing:training,skills and techniques[M]. Wiltshire:Crowood Press Ltd,2011.

附录　国际拳联技术和竞赛规则（摘要）[①]

规则 1. 记分系统

1.1 比赛必须使用国际拳联计分系统，并由专业电子裁判负责系统操作。

1.2 计分系统采用“十分制”。

1.3 国际拳联公开赛中，每场比赛 5 名台下评判员的位置由记分系统随机确定。

1.4 每一回合结束时，评判员必须通过 10 分制计分决定该回合的获胜方。胜方可得到 10 分，败方可得 9 分或更少的分数，最低为 7 分。评判员根据对手在该回合中所处的劣势程度来判分。每一回合必须评出获胜方。

1.5 5 名评判员的打分将全部计入总分。

1.6 评判员必须在每回合结束后 15 秒内按下计分器。该分数将直接传送至副技术代表管理的电脑系统内，已传送的计分不能修改或添加。最后一回合结束后，总分经副技术代表确认后由播报员宣布并在电视转播画面中显示。

1.6.1 最后一回合结束后，将公开显示 5 名评判员的整场打分及总分（包括因警告而扣除的分数）。

1.7 最后一回合结束时，若总分（包括扣分）出现平局，比赛结果将根据规则 2.3 决定。

1.8 在宣布比赛获胜者之前，不得公开显示各回合评判员的打分。

1.9 由副技术代表向播报员传送比赛结果。

1.10 如计分系统在比赛进行中发生故障，台上裁判员应在每回合结束后，收齐 5 名台下评判员署名计分表交给副技术代表。

1.11 每位评判员根据如下标准独立对比赛选手打分：

---

① 说明：本部分的内容是依据中国拳击协会官方网站上发布的“国际拳联技术规则 2019 年版”的内容进行摘编的。选取的原则是利于学生掌握拳击技术规则的主要内容。规则的序号根据本教材的需要进行了重新排列，文字的内容和序号的排列逻辑没做修改。

1.11.1 击打有效部位有效拳的数量；

1.11.2 运用技战术控制比赛的能力；

1.11.3 竞争性。

1.12 评判员必须使用以下标准给回合打分：

1.12.1 10 比 9——双方实力相近；

1.12.2 10 比 8——胜负明显；

1.12.3 10 比 7——双方实力悬殊。

1.13 成绩管理：

1.13.1 每场比赛和每单元比赛结束后，应打印出计分系统内的比分提交给技术代表；

1.13.2 国际拳联赛事中（除 U 系列洲际赛和会员协会举办的国家级比赛），每单元比赛结束后，电子裁判应将该单元比赛计分发送给国际拳联；

1.13.3 国际拳联公开赛中，所有比赛单元都已结束后，电子裁判应将本次比赛的计分文件打包发送给国际拳联。

规则 2. 胜负判定

2.1 得分获胜（Win on Points—WP）

2.1.1 比赛结束，根据台下评判员的评分总和判定获胜方。获胜可能是一致获胜或多数获胜。

2.1.2 评判员要对运动员每回合比赛进行打分。所有回合结束后，分数领先即为获胜。如比赛提前终止，即使该回合不完整也要进行打分。

2.1.2.1 规则 2.1.2 适用于以下情况：

2.1.2.1.1 因非故意犯规造成受伤，裁判员终止比赛；

2.1.2.1.2 因双方运动员同时受伤，裁判员终止比赛；

2.1.2.1.3 第一回合结束后，因运动员或台上裁判员无法控制的情况导致裁判员终止比赛。如拳台垮塌、停电等不可抗力因素。

2.2 根据以下原则，计分系统给出一致获胜或多数获胜的判定：

2.2.1 一致获胜：台下 5 名评判员一致判定同一方获胜。

2.2.2 多数获胜：

2.2.2.1 3 名评判员判一方获胜，另外 2 名判另一方获胜或平分；

2.2.2.2 4 名评判员判一方获胜，另外 1 名判另一方获胜或平分。

2.3 平局决胜：比赛结束时，总分（包括扣分）出现平局，在下列情况下，给出相等打分的评判员将被要求选出一个获胜方：

2.3.1 1 名评判员判平分，其余 4 名评判员给出的总分以 2 比 2 判不同方获胜；

2.3.2 2 名评判员判平分，其余 3 名评判员不是一致判定同一方获胜；

2.3.3 3 名或 3 名以上评判员判平分。

2.4 不存在“技术性平局”的情况。

2.5 弃权（ABD）：运动员自愿放弃比赛或教练员向拳台内扔毛巾都可视为弃权。如不是在裁判员数 8 时弃权，对手将以 ABD 方式获胜。

2.6 因裁判员终止比赛获胜（RSC）：

2.6.1 如运动员在回合间休息后无法继续比赛，其对手将以 RSC 方式获胜；

2.6.2 如台上裁判员认为双方运动员实力悬殊或一方受到过多重击，可终止比赛，宣布其对手以 RSC 方式获胜；

2.6.3 当运动员被击倒后不宜进行比赛或无法继续比赛时，其对手将以 RSC 方式获胜；

2.6.4 根据规则第 4 条（击打过低）规定，运动员在 90 秒后无法继续比赛，其对手将以 RSC 方式获胜；

2.6.5 如运动员被有效拳击出拳台，台上裁判员数 8 结束后，运动员应在 30 秒内独自回到拳台，如超出时限，其对手将以 RSC 方式获胜；

2.6.6 如一方受到过多重击，拳赛医生有责任建议裁判员终止比赛，其对手将以 RSC 方式获胜。

2.7 因对手受伤裁判员终止比赛获胜（RSC－I）：

2.7.1 如一方运动员因有效拳击打受伤或伤情加重，台上裁判员认为其不宜继续比赛，可终止比赛，对方以 RSC－I 方式获胜；

2.7.2 如一方运动员没有受到击打而受伤，台上裁判员认为其不宜继续比赛，可终止比赛，对方以 RSC－I 方式获胜。

2.8 因对手被取消比赛资格获胜（DSQ）：

2.8.1 如一方运动员因犯规或其他原因被取消比赛资格，对方则以 DSQ 方式获胜。

2.8.1.1 如以 DSQ 方式获胜的运动员因对手所致不宜参加下一轮比赛，该情况可参考第 2.11.2 条规则。

2.8.2 如一方运动员被判定故意犯规，且造成对手受伤不能继续比赛，则犯规一方被取消比赛资格，受伤运动员以 DSQ 方式获胜。

2.8.3 运动员得到 3 次警告将被自动取消比赛资格，其对手以 DSQ 方式获胜。

2.8.4 若双方运动员均被取消比赛资格（BDSQ），包括双方未出场（WO）情况，双方将以 BDSQ 方式输掉比赛。

2.8.5 如一方运动员因违反体育道德（如攻击裁判员、技术代表、随队官员或其他人员）被取消比赛资格，其对手将以因违反体育道德规定被取消比赛资格（DQB）方式获胜。犯规方将受到国际拳联纪律委员会的处罚。

2.8.6 如有运动员违反体育道德规定，技术代表必须在 24 小时内上报国际拳联纪律委员会。

2.8.7 被取消比赛资格（DSQ）的运动员不能获得该比赛的任何奖牌与积分或资

格赛排名。

2.8.8 因违反体育道德规定被取消比赛资格（DQB）的运动员将不能获得本次比赛的奖牌与积分或排名。

2.8.9 若双方运动员在场上消极比赛，则双方被取消比赛资格（BDSQ），且不能获得该比赛的任何奖励与积分或资格赛排名。

2.8.10 若一名运动员在半决赛或决赛中被取消比赛资格，其奖牌不再递补，且排名作废，位居其后的运动员排名不变。

2.9 击倒获胜（KO）：

2.9.1 如一方运动员被击倒，且裁判数 10 后不能继续比赛，其对手将以 KO 方式获胜；

2.9.2 如被击倒的运动员情况危急，台上裁判员未数完 10 秒就已请求拳赛医生上台，其对手将以 KO 方式获胜。

2.10 双方同时被取消资格或击倒：

2.10.1 若在半决赛前的对阵中，双方同时被取消资格或同时被击倒，则其原定于下一轮比赛的对手将以对手未出场（WO）方式获胜；

2.10.2 若决赛中双方均被取消资格，则不再为其颁发奖牌；

2.10.3 若双方被击倒（DKO），则均以 DKO 方式负；

2.10.4 若在决赛中发生双方被击倒（DKO），该情况可参考第 2.1.2 条规则。

2.11 因对手未出场获胜（WO）：

2.11.1 宣告后，如只有一方运动员进入拳台准备就绪等待比赛，计时员开始计时 1 分钟后对手仍未出场，则台上运动员以 WO 方式获胜；

2.11.2 如一方运动员没有通过体检或称重，其对手以 WO 方式获胜；

2.11.3 如技术代表提前得知某方运动员不会出场，则取消第 2.11.1 条规则的各项流程，直接宣告比赛结果；

2.11.4 整场比赛都未上场对阵过的运动员将不能授予奖牌。

2.12 现行规则已取消因故未比赛（NC）获胜方式。

2.13 如比赛未进行：

2.13.1 若在半决赛前的对阵中，双方都未能到场比赛，则其原定于下一轮比赛的对手将以对手未出场（WO）方式获胜。

2.13.2 如半决赛未进行：

2.13.2.1 若该赛段双方运动员均未参加或未通过称重，则取消双方比赛资格，且不再颁发奖牌；

2.13.2.2 若该赛段双方运动员因医务或其他不可抗力原因不能参赛，两名运动员都可获得一枚铜牌。

2.13.3 如决赛未进行：

2.13.3.1 若该赛段双方运动员均未参加或未通过称重，则取消双方比赛资格，且不再颁发奖牌；

2. 13. 3. 2 若该赛段双方运动员因医务或其他不可抗力原因不能参赛，两名运动员都可获得一枚银牌，且并列排名第二。

2. 13. 4 若半决赛的 4 名运动员均无法参赛，他们将并列排名第三。

2. 14 特例重赛

2. 14. 1 如在第一回合结束前发生拳台垮塌、停电等不可抗力的情况，台上裁判员可终止比赛，并由技术代表安排重赛时间。

规则 3. 犯规

3. 1 犯规的类型

3. 1. 1 击打型犯规。

3. 1. 1. 1 击打腰带以下部位（击打过低）或用头、肩部、前臂、肘关节击打对手。

3. 1. 1. 2 用开掌拳、掌心、掌根或拳套侧面击打对手。

3. 1. 1. 3 击打对手背部，特别是击打对方的颈后和后脑。

3. 1. 1. 4 击打对手肾部。

3. 1. 1. 5 旋转击打或反手击打。

3. 1. 2 搂抱。

3. 1. 2. 1 将对方抱住或拉住击打。

3. 1. 2. 2 搂抱，锁挟对方的手臂或头部；或故意将手臂放在对方手臂下不松开。

3. 1. 3 绊人。

3. 1. 4 踢人。

3. 1. 5 用头顶撞。

3. 1. 6 勒人。

3. 1. 7 拉人。

3. 1. 8 咬人。

3. 1. 9 假动作。

3. 1. 10 推人。

3. 1. 10. 1 用手臂或肘关节挤压对方面部。

3. 1. 10. 2 把对手的头部压出围绳。

3. 1. 11 拉住围绳或不正当地利用围绳进行击打。

3. 1. 12 在搂抱过程中躺倒、角力、摔人。

3. 1. 13 击打已倒地或倒地后正在起立中的对手。

3. 1. 14 下潜过低至对手腰带以下。

3. 1. 15 通过抱头弯腰、故意摔倒、跑动或转身进行完全的消极防御。

3. 1. 16 说话。

3.1.17 当台上裁判员发出“BREAK”口令后不后退。

3.1.18 当台上裁判员发出“BREAK”口令后未后退便试图攻击对手。

3.1.19 攻击裁判员或对裁判员做出挑衅性的举动。

3.1.20 护齿脱落。

3.1.20.1 没有受到击打而故意吐落护齿，运动员将受到警告。

3.1.20.2 因受到击打导致护齿脱落3次，运动员将受到警告。

3.1.21 伸直前手手臂阻挡对手视线。

规则4. 击打过低

4.1 一方击打过低，若被击打方没有抗议，且击打不重、不是故意行为，台上裁判员应不中断比赛给予口头告诫。

4.2 一方击打过低，若被击打方产生抗议，台上裁判员有以下两个选择：

4.2.1 若是故意击打且力度较大，则立即取消犯规方的比赛资格；

4.2.2 开始数8。

4.3 数8后，台上裁判员有以下2个选择。

4.3.1 被击打方能够继续比赛：如有必要，可给予犯规方警告，比赛继续。

4.3.2 被击打方不能继续比赛：可给予最多1分半钟进行恢复。

4.4 恢复时间结束后，台上裁判员有以下两个选择。

4.4.1 被击打方能够继续比赛：可给予犯规运动员警告，比赛继续。

4.4.2 被击打方不能继续比赛：宣布对手以RSC－I方式获胜。

规则5. 告诫，警告，取消比赛资格

5.1 比赛中，如有运动员不服从裁判员指令、违反拳击竞赛规则、违背体育道德或犯规，台上裁判员可酌情给予告诫、警告或取消比赛资格的处罚。在对运动员提出警告时，应使用“STOP”口令中断比赛，再分别向运动员和副技术代表用手势示意犯规类型。

5.2 运动员受到警告后，副技术代表提醒电子裁判录入计分系统。1次警告将在每位评判员给出的总分中减1分。一场比赛中得到3次警告将被取消比赛资格。

5.3 如一方运动员受到故意的头部撞击或严重的犯规拳击打，但未导致受伤，台上裁判员应给予犯规方警告，台下评判员给分中各扣1分。情节严重可直接取消犯规运动员比赛资格。

5.4 如一方运动员受到故意的头部撞击或严重的犯规拳击打而受伤，台上裁判员应取消犯规运动员比赛资格。

5.5 如台上裁判员认为运动员有犯规行为，但并不确定，可寻求台下评判员意见。

5.6 比赛结束时，台上裁判员如发现运动员的护手绷带使其不正当获利，可直接取消该名运动员比赛资格。

5.7 若助手违反技术竞赛规则，技术代表有权对其做出告诫、驱逐出场或取消参赛资格的处罚。

5.8 若运动员存在故意违背体育道德的严重行为，技术代表、裁判员和国际技术官员有权向执委会建议，由纪律委员会对其进行处罚。

规则6. 倒地

6.1 运动员受到有效拳击打，以下情况视为倒地：

6.1.1 受重击或连续击打后，除双脚以外的身体任何部位触及地面；

6.1.2 受重击或连续击打后，身体倚靠在围绳上；

6.1.3 受重击或连续击打后，身体的一部分或全部越出了围绳；

6.1.4 受重击或连续击打后，虽没倒地，也未倚靠在围绳上，但处于半昏迷状态，裁判员认为其不宜继续比赛。

6.2 倒下后的数秒。

6.2.1 运动员被击“倒下”后，台上裁判员应立即发出“STOP”口令，并大声数秒。如果被击倒运动员能够继续比赛，裁判员应从1数到8；如不能继续比赛，则从1数到10。

6.2.2 每个数字为1秒，同时用手势示意，使倒地运动员清楚时限。

6.2.3 从运动员“倒下”到数第一秒时，中间应间隔1秒钟。

6.3 一方运动员被数秒时，其对手应：

6.3.1 在台上裁判员指令下，立即退至中立角直到允许其离开。如不听从指令，台上裁判员可暂停数秒直到该运动员退至中立角后再继续。

6.4 强制性数8。

6.4.1 运动员被击“倒下”，台上裁判员数秒结束前，即使运动员已经恢复正常，或该轮比赛已结束，但裁判员必须数完8秒。

6.5 两名运动员同时倒下。

6.5.1 如两名运动员同时倒地，只要其中一人仍处于“倒下”状态，裁判员应继续数秒。

6.6 强制性数秒的限制：

6.6.1 一个回合最多3次数8；

6.6.2 国际拳联公开赛成年男子比赛中，整场比赛数8没有数量限制；

6.6.3 国际拳联公开赛成年女子、青年及少年赛中，整场比赛中最多4次数8；

6.6.4 因犯规拳数8，不计入数8次数。

6.7 运动员被击出拳台。

6.7.1 如运动员被有效拳击出拳台，数8后应给予运动员30秒独自返回拳台；如超出时限，其对手将以RSC方式获胜。

6.8 击倒（KO）。

6.8.1 当台上裁判员数到10秒时，比赛结束，宣告击倒（KO）获胜。如裁判员认为运动员须立即接受检查，可以停止数秒。

6.9 运动员在回合结束时被击倒：

6.9.1 即使运动员在回合结束时被击倒，台上裁判员应继续数秒；

6.9.2 如数到 10 秒，则判另一方运动员 KO 获胜。

6.10 没有受到二次击打而倒地。

6.10.1 若运动员因击打倒地，数 8 结束后继续比赛，但在没有受到二次击打时再次倒下，台上裁判员应从 8 继续数秒到 10。

规则 7. 台上裁判员和台下评判员

7.1 国际拳联星级裁/评判员必须遵守国际拳联技术竞赛规则和裁判员规则。

7.2 国际拳联是组织星级认证培训的唯一机构。

7.3 国际拳联 U 系列洲际赛事，应选派国际拳联星级裁/评判员。

7.4 世界级赛事、国际奥委会赛事及国际综合性运动会中，裁/评判员选派标准如下：

7.4.1 遵循公平公正原则，每场比赛的裁/评判员均由国际拳联计分系统随机抽取，并经过抽签委员和技术代表的一致确认；

7.4.2 裁/评判员均为国际拳联星级水平；

7.4.3 同一场比赛的裁/评判员不能具有相同国籍或隶属同一个国家拳击协会，也不能与场上运动员具有相同国籍或隶属同一个国家拳击协会；

7.4.4 裁/评判员与场上运动员的所属国家不得有任何隶属或殖民关系；

7.4.5 如更改国籍，该裁/评判员不得在其原国籍的运动员的比赛中担任裁判；

7.4.6 如抽签委员未遵守上述规定，技术代表和副技术代表应履行监管责任。

7.5 裁/评判员须遵守并签署国际拳联行为准则。

7.6 纪律处分：

7.6.1 业务能力较差的裁/评判员，裁判员评估可向技术代表提出停赛建议，由技术代表告知电子裁判将其在裁判员（R&J）候选名单中剔除；

7.6.2 因违反体育道德引起的停赛处分只能由纪律委员会裁定。

7.7 比赛中，台上裁判员只负责在拳台上控场，但不给比赛打分。

7.8 台上裁判员职责。

7.8.1 首要职责即保护运动员的安全。

7.8.2 使运动员按照竞赛规则公平公正地完成比赛。

7.8.3 控制台上状况。

7.8.4 防止弱势运动员遭受过度和不必要的击打。

7.8.5 使用以下四个口令控制比赛：

7.8.5.1 STOP：命令运动员停止比赛；

7.8.5.2 BOX：命令运动员继续比赛；

7.8.5.3 BREAK：命令运动员停止搂抱，各自后撤一步，继续比赛；

7.8.5.4 TIME：命令计时员停止比赛计时，运动员暂停比赛。

7.8.6 用恰当明确的指令、口令或手势向运动员示意其犯规动作。

7.8.7 用手触碰运动员示意两人“分开”或“停止”比赛。

7.8.8 宣告员宣读比赛结果后，面向电视转播主机位举起获胜方的一只手臂示意。

7.8.9 台上裁判员不论以何种原因中断比赛，应先向副技术代表报告原因。若判罚违反了技术竞赛规则，副技术代表应告知台上裁判员。

7.8.10 请拳赛医生判断运动员是否适宜继续比赛。

7.8.11 当台上裁判员请拳赛医生上台检查时，其他人员不得进入拳台，但在拳赛医生要求下，他人可上台协助。

7.8.12 运动员受伤时，台上裁判员可参照以下流程：

7.8.12.1 让未受伤的运动员站到中立角。

7.8.12.2 请拳赛医生上台检查运动员是否适宜继续比赛，如拳赛医生认为可以，裁判员可决定继续比赛。

7.8.12.3 如拳赛医生认为不宜继续比赛，裁判员可终止比赛。若裁判员没有看清造成受伤的动作，可询问5名台下评判员意见。

7.8.12.3.1 若所有或多数评判员看到的是正确击打，适用技术规则2.7.1。

7.8.12.3.2 若所有或多数评判员看到的是故意犯规，适用技术规则2.8.2。

7.8.12.3.3 若所有或多数评判员认定为非故意犯规，适用技术规则2.1.2。

7.8.13 如比赛双方实力悬殊，可随时终止比赛。

7.8.14 如一方运动员受伤，台上裁判员认为其不宜继续比赛，可随时终止比赛。

7.8.15 如运动员在比赛中表现消极，没有对抗，台上裁判员可随时终止比赛，并取消一方或双方运动员的比赛资格。

7.8.16 为使运动员遵守竞赛规则，对犯规运动员应酌情给予告诫或警告。

7.8.17 不立即服从台上裁判员口令，或有挑衅或攻击行为的运动员，可取消比赛资格。

7.8.18 有严重犯规行为的运动员可不事先警告，直接取消比赛资格。

7.8.19 检查运动员着装。

7.8.19.1 运动员进入拳台后，应检查其着装是否符合国际拳联技术竞赛规则的要求。

7.8.19.2 比赛结束后，检查运动员护手绷带是否符合要求。

7.8.19.3 若比赛时拳套松脱，台上裁判员应暂停比赛，待整理好后，继续比赛。

7.8.20 比赛开始前确认台下评判员和拳赛医生是否就位。

7.8.21 副技术代表示意后开始比赛。

7.9 台下评判员职责：

7.9.1 根据国际拳联技术竞赛规则进行打分；

7.9.2 独立为双方运动员打分；

7.9.3 在赛前、赛中和赛后，不得与运动员、其他评判员及任何人交流或示意；

7.9.4 宣读比赛结果前，不得离开座席。

规则8. 参赛级别

8.1 年龄划分

8.1.1 根据出生年份确定拳击运动员年龄。

8.1.2 成年组：19～40岁的男子、女子运动员。

8.1.3 青年组：17～18岁的男子、女子运动员。

8.1.4 少年组：15～16岁的男子、女子运动员。

8.1.5 少年组及14岁以下年龄组运动员参加的比赛中，参赛运动员的年龄幅度不得超过2岁。

8.2 参赛级别

参赛级别见附表1至附表3。

附表1　男子成年组和青年组参赛级别（单位：公斤）

男子成年组和青年组							
国际拳联赛事				奥运会			
序号	体重级别	下限	上限	序号	体重级别	下限	上限
1	轻蝇量级 Light Fly	46	49	1	蝇量级 Fly	48	52
2	蝇量级 Fly	49	52	2	羽量级 Feather	52	57
3	雏量级 Bantam	52	56	3	轻量级 Light	57	63
4	轻量级 Light	56	60	4	次中量级 Welter	63	69
5	轻中量级 Light Welter	60	64	5	中量级 Middle	69	75
6	次中量级 Welter	64	69	6	轻重量级 Light Heavy	75	81
7	中量级 Middle	69	75	7	重量级 Heavy	81	91
8	轻重量级 Light Heavy	75	81	8	超重量级 Super Heavy	91	—
9	重量级 Heavy	81	91				
10	超重量级 Super Heavy	91	—				

附表 2 女子成年组和青年组参赛级别（单位：公斤）

女子成年组和青年组							
国际拳联赛事				奥运会			
序号	体重级别	下限	上限	序号	体重级别	下限	上限
1	轻蝇量级 Light Fly	45	48	1	蝇量级 Fly	48	51
2	蝇量级 Fly	48	51	2	轻量级 Light	54	57
3	雏量级 Bantam	51	54	3	轻中量级 Light Welter	57	60
4	羽量级 Feather	54	57	4	次中量级 Welter	64	69
5	轻量级 Light	57	60	5	中量级 Middle	69	75
6	轻中量级 Light Welter	60	64				
7	次中量级 Welter	64	69				
8	中量级 Middle	69	75				
9	轻重量级 Light Heavy	75	81				
10	重量级 Heavy	81	—				

附表 3 少年男子组和少年女子组参赛级别（单位：公斤）

少年男子和少年女子组			
序号	体重级别	下限	上限
1	草量级 Pin	44	46
2	轻蝇量级 Light Fly	46	48
3	蝇量级 Fly	48	50
4	轻雏量级 Light Bantam	50	52
5	雏量级 Bantam	52	54
6	羽量级 Feather	54	57
7	轻量级 Light	57	60
8	轻次中量级 Light Welter	60	63
9	次中量级 Welter	63	66
10	轻中量级 Light Middle	66	70
11	中量级 Middle	70	75
12	轻重量级 Light Heavy	75	80
13	重量级 Heavy	80	—

规则9. 回合时长和回合数

9.1 国际拳联成年/青年男子和女子公开赛事中，每场比赛共3回合，每回合3分钟。

9.2 国际拳联少年男子和女子公开赛事中，每场比赛共3回合，每回合2分钟。

9.3 上述赛事中，回合间休息时长为1分钟。

规则10. 拳台

10.1 必须使用国际拳联官方合作品牌。

10.2 拳台规格。

10.2.1 围绳内面积为6.1平方米。

10.2.2 拳台外延与围绳的间距为85厘米，包括紧固拳台使用额外的帆布的厚度。

10.2.3 拳台尺寸应符合国际拳联要求。

10.2.3.1 角柱高度、围绳间距以及围绳宽度的误差不得超过2厘米。

10.2.4 拳击台面和角垫。

10.2.4.1 台面应稳固平整，不得有任何障碍物。拳台的四角设有四个角柱，角柱用角垫缠绕，防止运动员受伤。面向技术代表座席角垫颜色的安排如下：

10.2.4.1.1 近左角——红色；

10.2.4.1.2 远左角——白色；

10.2.4.1.3 远右角——蓝色；

10.2.4.1.4 近右角——白色。

10.2.4.2 拳台高度为100厘米。

10.2.4.3 台面面积为7.8平方米。

10.2.5 台面遮盖物。

10.2.5.1 台面必须覆盖有毛毡、橡胶或其他经批准的软质、有弹性的材料。厚度介于1.5~2.0厘米。

10.2.6 帆布。

10.2.6.1 须用帆布覆盖整个台面，且由防滑材料制成。

10.2.6.2 颜色为蓝色，潘通色卡299。

10.2.7 围绳

10.2.7.1 外层须包裹一层缓冲垫。

10.2.7.2 拳台每侧各有4根4厘米粗（不包括缓冲垫的厚度）的围绳，与四个角柱稳固相连。

10.2.7.3 4根围绳距台面高度分别为40厘米、70厘米、100厘米和130厘米。

10.2.7.4 围绳规格。

10.2.7.4.1 围绳的每一边用两条宽3~4厘米的帆布带将其上下相连、拴牢，四边帆布带之间的距离应相等。帆布带要稳固，不能顺着围绳滑动。

10.2.7.5 上面两根围绳必须拉紧，下面两根围绳不得拉得太紧。如有必要，可根据裁判员和技术代表意见调整。

10.2.8 台阶。

10.2.8.1 拳台共设3组台阶，各有3层台面。

10.2.8.2 红、蓝角各设1组，供运动员及其助手使用；中立角设1组，供台上裁判员和拳赛医生使用。

规则11. 拳套

11.1 运动员必须佩戴红色或蓝色拳套比赛。

11.2 运动员进入拳台前应佩戴好拳套。

11.3 比赛结束后，运动员应立即摘下拳套，等候宣读比赛结果。

11.4 拳套内的填充物不能替换或损坏。

11.5 拳套须干净无损，且重复使用前应用含10%次氯酸钠的消毒液进行清理。

11.6 国际拳联公开赛（AOB）成年男子和青年男子比赛中：

11.6.1 自49公斤轻绳量级（Light Fly）至63公斤轻量级（Fly）或64公斤轻中量级（Light Welter）的比赛使用10盎司拳套；

11.6.2 自69公斤次中量级（Welter）至91+公斤超重量级（Super Heavy）的比赛使用12盎司拳套。

11.7 国际拳联公开赛（AOB）成年女子和青年女子比赛中：

11.7.1 所有级别均使用10盎司拳套。

11.8 拳套规格。

11.8.1 拳套重量分别为284克（约10盎司）和340克（约12盎司），上下误差应控制在5%。皮革部分的重量不得超过总重量的一半，填充物重量不得少于总重量的一半，误差不得超出5%。

11.8.2 国际拳联公开赛（AOB）使用的拳套必须带有尼龙粘扣。

11.8.3 尼龙粘扣外层应用拳套胶带缠绕（最多）一层，以避免划伤对手。

11.8.3.1 应使用国际拳联官方供应商提供的拳套胶带。

11.8.3.2 胶带宽度为5厘米。

11.8.4 皮革部分可使用：

11.8.4.1 牛皮；

11.8.4.2 甲级皮革；

11.8.4.3 其他符合标准的皮质材料。

11.8.5 大拇指部分应与拳套主体紧密相连，间隙不得超出10毫米。

11.8.6 比赛标识的印刷位置及尺寸：

11.8.6.1 拳套手背正面，大小不超过50平方厘米。

11.8.7 供应商标识的印刷位置及尺寸：

11.8.7.1 拳套大拇指处，大小不超过24平方厘米。

11.8.8 其他任何形式的广告、图标、生产商名称都不得印刷在拳套上。

11.8.9 国际拳联标识应印在拳套内侧。

规则12. 头盔

12.1 国际拳联公开赛（AOB）成年男子比赛，运动员不再佩戴头盔。

12.1.1 为避免划伤，教练员可在运动员面部涂抹卡弗龙（Cavilon）。

12.1.2 若头发长过领口，则必须佩戴发网收拢头发。

12.1.2.1 助手应帮助运动员固定好发网。

12.2 国际拳联公开赛中（成年组比赛除外），运动员必须佩戴红色或蓝色头盔比赛。

12.3 长发不能遮挡运动员视线，应扎紧收拢。

12.4 本规则对运动员头发长度不作要求。

12.5 运动员只能在进入拳台围绳后佩戴头盔。

12.6 比赛结束后，运动员应立即摘下头盔，等候宣读比赛结果。发网可不摘。

12.7 重复使用前应用含10%次氯酸钠的消毒液进行清理。

12.8 头盔规格

12.8.1 重量不得超过450克（约16盎司）。

12.8.2 头盔分为4个尺寸，S码（小）、M码（中）、L码（大）、XL码（加大）。

12.8.3 国际拳联公开赛（AOB）使用的头盔必须带有尼龙粘扣。

12.8.4 头盔填充物厚度不得小于2~3厘米。

12.8.5 皮革部分可使用：

12.8.5.1 牛皮；

12.8.5.2 甲级皮革；

12.8.5.3 其他符合标准的皮质材料。

12.8.6 比赛标识的印刷位置及尺寸：

12.8.6.1 头盔额头处，大小不超过50平方厘米。

12.8.7 供应商标识的印刷位置及尺寸：

12.8.7.1 头盔后脑处，大小不超过40平方厘米。

12.8.8 其他任何形式的广告、图标、生产商名称都不得印刷在头盔上。

12.8.9 国际拳联标识应印在头盔内侧。

规则13. 护手绷带和职业绷带

13.1 护手绷带

13.1.1 国际拳联公开赛中（成年组比赛除外），应使用尼龙粘扣的绷带。

13.1.2 由装备检查官发放给代表队。

13.1.3 上场前护手绷带必须经装备检察官检查并盖章。

13.1.4 长度应介于2.5米（8.2英尺）至4.5米（14.76英尺）之间，宽为5.7

厘米（2.25 英寸）。

13.1.5 护手绑带必须由弹性棉质材料制成，并带有尼龙粘扣。

13.1.6 禁止在绷带上附加其他物品。

13.2 职业绷带

13.2.1 国际拳联公开赛（AOB）成年组比赛中，必须使用职业绷带。

13.2.2 职业绷带所含材料如下：

13.2.2.1 纱布绷带：2 卷 5 厘米×15 米的纱布（2 手各用 1 卷）。

13.2.2.2 2 卷 5 厘米×10 米的纱布（2 手缠绕关节垫各用 1 卷）。

13.2.2.3 胶带：2 卷，2.5 厘米×13 米。

13.2.2.4 1 卷 1.25 厘米×13 米的胶带用于指间固定。

13.2.3 应有清晰的品牌标识，包装应包括规格和使用说明。

13.2.4 国际拳联公开赛（AOB）成年组比赛中，运动员可根据个人习惯使用纱布和胶带缠手，但不得在指关节处缠绕胶带。

13.2.5 禁止在绷带上附加其他物品。

规则 14. 运动员比赛服装及护具指南

14.1 国际拳联公开赛（AOB）中，运动员比赛服装应符合本规则及赞助商要求。

14.2 技术代表或由其任命的其他技术官员，应根据本规则决定可进入比赛场地（FOP）的运动员服装。

14.3 背心、短裤/短裙和长袍。

14.3.1 成年男子和青少年男子运动员穿背心和短裤。

14.3.2 成年女子和青少年女子运动员穿背心和短裤/短裙。

14.3.3 短裤不能短于大腿中部，不能遮住膝盖，不能高过腰线。

14.3.4 服装颜色可以是运动员代表国家的传统颜色，也可以根据红蓝角的分配着红色或蓝色。

14.3.5 成年组运动员入场时可以在比赛服外面穿一件长袍，颜色可以是代表国家的传统颜色，也可以根据红蓝角的分配着红色或蓝色。

14.3.5.1 长袍材质应与比赛服装相同。

14.3.6 如比赛服装使用红蓝两色，色度标准如下：

14.3.6.1 红：潘通色卡 185、199、485。

14.3.6.2 蓝：潘通色卡 286、293、661。

14.3.7 比赛服上不得有任何种类的胶带。

14.3.8 必须使用色差明显的颜色突出腰线，腰线宽为 6～10 厘米。

14.3.8.1 腰线是一条从肚脐到臀上部的假想线。

14.4 鞋子和袜子。

14.4.1 运动员应穿无钉、无跟的软靴或鞋子。

14.4.2 短袜不能超过膝盖。

14.5 护齿。

14.5.1 比赛中运动员必须佩戴护齿。

14.5.2 不得佩戴红色或部分红色的护齿。

14.5.3 不得借用他人护齿。

14.5.4 应与运动员牙齿完全贴合。

14.6 护裆和护胸。

14.6.1 男子运动员必须佩戴护裆，此外可再使用护身三角绷带。

14.6.1.1 护裆不得覆盖任何有效击打部位。

14.6.1.2 除背部固定接口处，其余部分不能带有金属配件。

14.6.2 女子运动员可以佩戴护胸，和/或护裆。

14.6.2.1 护胸不得覆盖胸部以外的任何有效击打部位，包括胸骨。

14.6.2.2 除固定接口处，其余部分不能带有金属配件。

14.7 希贾布（穆斯林妇女戴的面纱或头巾）。

14.7.1（穆斯林）女子运动员可佩戴黑色运动式希贾布。

14.7.1.1 希贾布形式：

14.7.1.1.1 在比赛背心内着长袖贴身运动衫；

14.7.1.1.2 在比赛短裤/短裙内着贴身运动长裤；

14.7.1.1.3 运动型面纱。

14.7.1.2 希贾布不得干扰台上裁判员和台下评判员的视线，不得有造成人员受伤的潜在危险性，也不得给予运动员竞争优势。

14.7.1.3 希贾布和运动打底衫、打底裤上不得印刷任何形式的会员协会徽标、广告、口号等。

14.7.1.4 代表队应在资格审查时将希贾布交给技术官员审查。

14.8 运动员身体及服装上（包括比赛服、鞋子、袜子、文身等）不得有任何涉及政治、宗教、种族的符号或标语，不得有世界反兴奋剂机构（WADA）公布的禁用物品，也不得有违背国际拳联道德准则的信息。

14.9 标识规范。

14.9.1 综合性运动会中，代表队应遵守赛事组委会的相关细则。

14.9.2 国旗。

14.9.2.1 背心、长袍、短裤/短裙上只能印有 1 面国旗。

14.9.2.2 旗帜不得印刷制造商标识、赞助商广告或其他元素。

14.9.2.3 旗帜可作为徽章印刷、刺绣或缝制在比赛服上。

14.9.2.4 旗帜形状没有限制，但尺寸和印刷位置应符合下列规定：

14.9.2.4.1 背心和长袍：衣服正面胸口上方，大小不得超过 50 平方厘米。

14.9.2.4.2 短裤/短裙：左腿正面，大小不得超过 50 平方厘米。

14.9.3 制造商标识。

14.9.3.1 下列物品上，只能印有 1 个制造商标识：

14.9.3.1.1 背心；

14.9.3.1.2 长袍；

14.9.3.1.3 短裤/短裙；

14.9.3.1.4 每只袜子；

14.9.3.1.5 每只鞋子；

14.9.3.1.6 每个护具；

14.9.3.1.7 助手工具包。

14.9.3.2 制造商标识可以印刷、刺绣或缝制在背心、长袍、短裤/短裙、鞋袜上，但不能覆盖国家拳击协会（或国旗）的标识。

14.9.3.3 印刷位置及尺寸：

14.9.3.3.1 背心和长袍：背心或长袍的前胸处，与国旗位置相对，大小不得超过 30 平方厘米。

14.9.3.3.2 短裤/短裙：右腿正面，大小不得超过 30 平方厘米。

14.9.3.3.3 袜子：每只袜子上的标识大小不得超过 10 平方厘米。

14.9.3.3.4 护具：大小不得超过 6 平方厘米。

14.9.3.3.5 工具包：大小不得超过包面面积的 10%（60 平方厘米）。

14.9.4 国家代码（ONANF）。

14.9.4.1 ONANF 是国家英文名称的缩写，由 3 个大写字母组成。

14.9.4.2 只能在背心或长袍背部印有 1 个国家代码。

14.9.4.3 字母尺寸不得超过：高 10 厘米，长 20 厘米。

14.9.4.4 字母颜色应与服装颜色形成对比，为方便识别，可将其印在中性底色上，或给字母加边框或阴影。

14.9.4.5 字母可以作为徽标印刷、刺绣或缝制在服装上。

14.9.4.6 字母不得妨碍服装上运动员身份信息的识别（如姓名）。

14.9.5 运动员姓名。

14.9.5.1 运动员的姓氏应印刷在服装背部。

14.9.5.2 姓名应与护照信息一致。

14.9.5.3 印刷位置位于背部国家代码下方。

14.9.5.4 字母尺寸不得超过：高 5 厘米，宽 20 厘米。

14.9.5.5 字母颜色应与服装颜色形成对比，为方便识别，可将其印刷在中性底色上，或给字母加边框或阴影。

14.9.5.6 字母可以作为徽标印刷、刺绣或缝制在服装上。

14.9.5.7 字母不得妨碍服装上其他信息的识别（如国家代码）。

14.9.5.8 字母上不得印刷制造商标识、赞助商广告或其他元素。

14.9.6 国家拳击协会的赞助商广告。

14.9.6.1 比赛场馆内不得出现任何形式的赞助商或第三方广告，涉及政治、宗教或个人的标语，以及酒精（啤酒和红酒除外）、烟草，或赌博押注活动。

14.9.6.2 国家拳击协会的赞助商广告可印刷、刺绣或缝制在比赛服上，但不得影响其他信息（如国旗）的识别；印刷位置及尺寸如下：

14.9.6.2.1 背心前胸部以下位置，大小不得超过150平方厘米，且只能印制1个。

规则15. 有效拳①

15.1 用拳峰部位击打。

15.2 运用身体或肩部转动力量出拳。

15.3 击打到有效部位。

15.4 清楚的接触。

15.5 没有犯规动作的击打。

15.6 你必须清楚地看到拳的击打。

15.7 击打数量和质量，双方有效击打数量一致时，击打质量更高的一方获胜。

15.8 注意击腹拳是高质量击打和技战术的运用，比前手拳技术含量高。

---

① 规则15条有效拳的内容来源于中国拳击协会给全国裁判员培训时的授课内容。内容对训练和比赛都比较重要，鉴于此，便放于此处，供大家学习参考。